소중한 _____ 님에게

인생을 어떻게 살아야 하는지
묻는 당신에게

인생을 어떻게 살아야 하는지 묻는 당신에게

배성근 지음

우리는 누구이며, 어디에서 왔고, 무엇을 향해 가고 있는가?

"답은 하나가 아닐 수도 있어.
중요한 건 우리가 서로를 이해하고 존중하는 마음이야.
그게 바로 우주가 우리에게 가르쳐 주는 또 하나의 비밀이란다."

책을 시작하면서

우리는 늘 답을 찾아 헤맵니다.

더 나은 삶을 위해 수많은 자기계발서를 읽고, 성공한 이들의 조언을 구하며, 끝없는 노력을 기울입니다. 하지만 과연 그것들이 우리를 진정한 답에 가까워지게 했을까요?

이 책은 다릅니다.

'성공을 위한 10단계'나 '행복해지는 비법'을 나열하지 않습니다. 대신 존재의 근원적 질문으로 여러분을 초대합니다. 우리는 누구이며, 어디에서 왔고, 무엇을 향해 가고 있는지, 그 깊은 물음을 함께 탐구하려 합니다.

가장 놀라운 발견부터 말씀드리겠습니다.

우리가 보고 경험하는 이 세상은 전체의 30%에 불과합니다. 나머지 70%는 우리의 영혼이 깃든 대우주입니다. 이 두 세계는 끊임없이 상호작용하며 우리의 삶을 형성합니다.

여기서 말하는 영혼은 종교나 신비주의와는 다릅니다.
그것은 우리 각자가 지닌 고유한 생명력이자, 우주와 소통하는 내면의 목소리입니다. 이 책은 그 목소리를 듣고 이해하는 법을 알려드립니다.

이 여정에서 당신은 세 가지 특별한 진실을 발견하게 될 것입니다.

첫째, 진정한 대화의 비밀을 배웁니다.
말하기보다 더 중요한 것이 있습니다. 바로 '진정한 경청'입니다. 상대방의 영혼이 전하는 메시지를 읽는 법을 알게 됩니다.

둘째, 내면의 에너지가 현실을 창조하는 원리를 이해합니다.
우리의 생각과 감정은 단순한 심리 상태가 아닙니다. 그것은 우주의 창조적 에너지이며, 우리는 이를 의식적으로 **활용**할 수 있습니다.

셋째, 모든 만남이 스승과 제자의 관계임을 깨닫습니다.
매 순간 우리는 서로에게 배우고 가르치며, 함께 성장하고 진화합니다.

이 책은 처방전이 아닌 나침반입니다.
'무엇을 해야 하는지'가 아니라 '당신이 누구인지'를 보여 줄 것입니다. 그리고 그 깨달음이 당신이 찾던 모든 답의 시작이 될 것입니다.

지금 이 순간, 당신 안에는 광대한 우주가 숨 쉬고 있습니다. 그 우주의 신비로운 속삭임이 들리시나요?

이제 시작됩니다.
당신의 진정한 본질을 향한 위대한 여정,
우주의 비밀을 찾아 떠나는 특별한 모험이.

인생의 본질적 물음 앞에서 망설이는 모든 분들에게,
이 책은 새로운 시야를 열어 줄 것입니다.

목차

책을 시작하면서   6

1장 『우주의 비밀을 찾은 아이』

우주의 비밀을 찾은 아이	20
창조의 시작점	22
숨겨진 진실	24
시작점으로의 여행	26
대우주와 소우주의 비밀	28
두 개의 에너지	30
신들의 신비한 힘	32
원소와 세포의 이야기	34
비물질의 마법	36
상상이 현실이 되는 대우주	38
산신님의 방문	40
신들의 모습	42
보이지 않는 진실	44
신비한 능력의 비밀	47
두 가지 힘의 조화	49

영혼의 상처와 3:7의 법칙	52
빅뱅의 비밀	54
우리는 모두 하나	56
이름 없는 시작	58
대충돌의 순간	60
은하수의 탄생	62
흩어진 조각들의 춤	64
수많은 은하의 비밀	66
셀 수 없는 은하들	68
영혼들의 집	70
별들 사이의 영혼들	72
신들의 세계	74
지구라는 학교	76
지구의 특별한 비밀	78
우주의 신비한 메시지	80
특별한 행성, 지구	83
하나님의 위대한 설계	85
생명의 진화	88
생명의 씨앗	91
신비한 결합의 순간	93
마음 에너지의 탄생	95
6,006개의 마음 입자	97
시간의 흐름 속 인간	99
깨달음의 시간	101
깨달음의 시대	103

영혼의 여행	105
소중한 인연	107
마음의 만남	109
마음의 울림	111

2장
『마음을 열어 주는 황금률』

인연의 의미	116
결혼은 두 사람의 영적 성장을 위한 여정의 시작	118
달콤한 약속과 현실의 시작	119
숨겨진 자아의 출현	121
신혼의 소중한 순간과 미래의 인연	123
부모와 자녀의 신비로운 연결	124
생명의 잉태와 영적 성장 과정	126
생명의 성장과 여성의 신성한 역할	128
생명의 진정한 본질	130
신비로운 결합의 순간	132
첫울음의 비밀	134
6,006혈의 신비로운 도킹	136
영혼과 육신의 결합이 만들어 내는 아름다운 변화	138
영혼의 압축과 인간 탄생의 신비	139
진정한 부모와 자녀의 관계: 영원한 진리의 발견	140
신성한 존재의 본질에 대한 깊은 성찰	142
생명의 진정한 본질	143

우주의 본질	144
신성한 존재들의 이름: 우주 에너지의 본질을 이해하며	145
우주의 구조와 생명의 본질적 의미	146
인연으로 이어진 삶의 여정	147
부모와 자녀의 인연법	149
부부간 경청을 통한 죄업의 소멸	151
영적 성장을 통한 사랑의 완성	153
부부에서 가족으로	155
진정한 가족의 탄생과 자녀 양육의 지혜	157
부모와 자녀의 신성한 여정	159
원수의 인연에서 사랑의 관계로	161
영원한 인연의 빚	162
부모와 자녀의 영원한 인연	164
신성한 채무	166
영적 부채의 상환: 경청의 마법	167
신성한 변화: 경청이 일으키는 우주의 마법	168
어린 영혼을 키우는 순간의 소중함	169
경청이 만드는 기적	170
진정한 양육의 길	172
인연의 깊이와 부모의 진정한 역할	174
경청의 부재가 만드는 운명의 그림자	176
생명의 설계도	178
진정한 가족의 완성	180
사랑과 이해의 깊은 공명	182
말씀의 빛과 물질의 그림자	184

영원한 유산	186
영혼의 변화가 만드는 진정한 가족	188
영혼과 영혼이 만나는 순간의 지혜	190
겸손과 존중	192
겸손의 진정한 의미	194
진정한 경청의 예술	195
깊이 듣는 영혼의 예술	197
진정한 겸손과 존중	199
성장을 위한 시험	200
각자의 본성을 있는 그대로 이해하기	201
수용의 지혜	202
생존의 지혜	204
개성의 지도	206
영혼의 연금술	207
자연의 교실	208
겸손과 존중: 모든 관계를 통한 영적 성장	209
겸손한 마음이 여는 우주의 축복	210
단순하지만 깊은 지혜	211
신성한 겸손	213
진정한 깨달음의 문	215
자연스러운 깨달음의 길	217
영혼의 정화	218
우주의 거울 법칙	220
삶의 가장 빠른 길	221
하나님이 만드시는 완벽한 환경	222

매 순간 펼쳐지는 배움의 기회	223
각자의 모습 속에 담긴 깊은 의미	224
하나님의 살아 있는 교실	225
영적 성장의 신성한 여정	226
각자의 고유한 빛깔	228
진정한 지혜와 리더십의 근원	229
생명의 본질을 이해하는 지혜	231
영적 성장의 핵심	233
겸손과 존중의 선순환	235
세대를 넘어서는 영적 유산	236
존경받는 삶이 만드는 초월적 영향력	237
존중으로 얻어지는 진정한 힘	239
존중과 성장이 만드는 영적 조화	240
부모 건강의 자연스러운 열쇠	242
진정한 성장과 효의 본질을 찾아서	243
익은 벼가 가르쳐 주는 삶의 진리	245
진정한 공부의 의미를 찾아서	246
삶으로 보여 주는 겸손의 지혜	247
겸손의 실천이 만드는 자연스러운 조화	248
겸손한 수용에서 시작되는 깊은 이해	249
겸손의 깊이	250
겸손의 본질	251
깊이 있는 예의	253
각자의 생명력이 만드는 우주의 하모니	255
생존과 상생의 깊은 지혜	257

지혜의 극치	259
생명의 춤	261
지식의 빛	263
예의의 품격	265
예의의 우주	267
지식의 품격	269
지식이 그리는 우주의 춤	271
진정한 예의	273
지식의 균형	275
자연이 가르쳐 주는 존중의 진리	277
영혼을 울리는 진정한 겸손의 예술	279
책을 마치면서	282

인생을 어떻게 살아야 하는지
묻는 당신에게

1장
『우주의 비밀을 찾은 아이』

우주의 비밀을 찾은 아이

옛날 옛적, 호기심 많은 '리나'라는 아이가 살았어요. 리나는 매일 바닷가에서 밤하늘의 별들을 보며 궁금한 게 참 많았답니다.

"별들은 왜 서로 다른 모양으로 모여 있을까? 왜 어떤 별들은 늘 함께 있고, 어떤 별들은 혼자 있을까?"

어느 날 밤, 반짝이는 은빛 옷을 입은 별의 할머니가 찾아왔어요.

"그건 바로 '인연'이란다, 리나야."

"인연이 뭐예요, 할머니?"

"음… 마치 실처럼 보이지 않지만 서로를 이어 주는 특별한 끈이야. 이 끈은 우리가 서로 도우며 함께 자랄 수 있게 해 준단다."

별의 할머니는 신비로운 이야기를 들려주었어요.

"하지만 이 인연을 진정으로 이해하려면, 먼저 '연법'이라는 비밀을 알아야 해."

"연법이요?"

"그래, 연법은 우주의 가장 큰 비밀이란다. 마치 퍼즐처럼, 모든 것이 서로 연결되어 있지."

리나는 궁금했어요. "어떻게 하면 그 비밀을 알 수 있나요?"

"네 마음속을 들여다보렴. 네가 누구인지 알게 되면, 모든 게 하나둘씩 풀리기 시작할 거야."

그날 이후로 리나는 자신과 주변을 더 자세히 관찰하기 시작했어요. 가족들과 함께할 때의 따뜻함, 친구들과 나누는 웃음, 선생님에게 배우는 즐거움…. 이 모든 것이 특별한 인연이란 걸 깨달았죠.

리나는 이제 알게 되었답니다. 우리 모두는 서로에게 소중한 별과 같다는 걸요. 혼자서는 작은 빛이지만, 함께일 때 가장 환하게 빛난다는 것을.

이제 리나는 새로운 친구를 만날 때마다 말해요.

"우리 모두는 서로의 인연이에요. 함께 자라고 배우는 게 바로 인연의 마법이랍니다!"

이렇게 리나의 이야기는 전 세계로 퍼져 나갔어요. 당신도 지금 이 이야기를 읽고 있네요. 이것도 우리의 소중한 인연이 아닐까요?

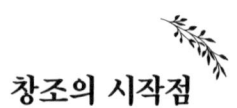

창조의 시작점

어느 별이 총총한 밤, 리나는 또다시 바닷가에서 별의 할머니를 만났어요.

"할머니, 궁금한 게 있어요. 우주는 어떻게 시작된 걸까요?"

별의 할머니는 은은히 빛나는 미소를 지으며 말했어요.

"많은 사람들이 그 비밀을 찾으려 노력했단다. 과학자들은 '빅뱅'이라는 큰 폭발로 우주가 시작되었다고 하지."

리나는 고개를 갸웃거렸어요.

"그럼 빅뱅이 일어나기 전에는 무엇이 있었나요?"

"그건 참 깊은 질문이구나. 어떤 사람들은 신이 만들었다고 하고, 어떤 사람들은 다른 설명을 하지. 기독교에서는 하나님이 천지를 창조했다고 하고, 불교에서는 또 다른 이야기를 들려주지."

리나는 생각에 잠겼어요.

"왜 다들 다르게 설명하는 걸까요?"

"그건 마치 같은 별을 보면서도 어떤 사람은 다이아몬드처럼 반짝인다고 하고, 또 어떤 사람은 작은 촛불 같다고 하는 것과 같아. 각자 자신만의 방식으로 이해하려 노력하는 거란다."

"그럼 진짜 답은 없는 건가요?"

별의 할머니는 리나의 머리를 쓰다듬으며 말했어요.

"답은 하나가 아닐 수도 있어. 중요한 건 우리가 서로를 이해하고 존중하는 마음이야. 그게 바로 우주가 우리에게 가르쳐 주는 또 하나의 비밀이란다."

그날 밤, 리나는 깨달았어요. 우주의 시작처럼 우리의 생각도 다양할 수 있다는 것을. 그리고 그 다양함이 우주를 더욱 아름답게 만든다는 것을요.

"할머니, 이제 알겠어요. 우리 모두는 같은 우주에서 왔지만, 서로 다른 이야기를 가지고 있네요. 그게 바로 우주의 또 다른 비밀인가 봐요!"

별의 할머니는 따뜻하게 웃으며 끄덕였답니다.

숨겨진 진실

다음 날 밤, 리나는 더 깊은 궁금증을 안고 별의 할머니를 찾아갔어요.

"할머니, 어제 천지창조 이야기를 해 주셨잖아요. 그런데 더 궁금한 게 생겼어요."

별의 할머니는 부드럽게 미소 지었어요.

"무엇이 궁금하니, 리나야?"

"성경에서는 하나님이 천지를 창조하고, 아담의 갈비뼈로 이브를 만들었다고 하잖아요. 정말 그런가요?"

별의 할머니는 반짝이는 별들을 가리키며 말했어요.

"리나야, 때로는 우리가 알고 있는 이야기를 다른 방향에서 바라볼 필요가 있단다. 마치 별자리를 북쪽에서 볼 때와 남쪽에서 볼 때의 모양이 다르게 보이는 것처럼 말이야."

"그럼 진실은 무엇인가요?"

"생각해 보렴. 우리 모두가 우주의 일부라면, 어쩌면 우리도 창조의 한 부분일 수 있지 않을까? 마치 네가 그림을 그릴 때, 그 그림 속에 네 마음과 생각이 담기는 것처럼 말이야."

리나는 잠시 생각에 잠겼어요.

"아하! 그럼 우리도 우주를 만드는 데 참여하고 있다는 거예요?"

"그렇단다. 우리의 생각과 행동으로 매일 새로운 세상을 만들어 가고 있지. 그래서 더 큰 책임감을 가져야 한단다."

리나는 밤하늘을 올려다보며 깨달았어요. 우리 모두가 이 거대한 이야기의 작은 작가라는 것을. 그리고 그것이 또 하나의 신비로운 진실이라는 것을요.

"할머니, 이제 알겠어요. 우리가 믿고 있던 이야기 너머에 더 큰 진실이 있었네요. 그리고 우리 모두가 그 진실의 일부인 거죠?"

별의 할머니는 따뜻하게 웃으며 끄덕였답니다.

"그래, 리나야. 진실은 언제나 우리가 생각하는 것보다 더 크고 깊단다. 그래서 우리는 계속해서 질문하고, 찾아 가는 거야."

시작점으로의 여행

달빛이 가득한 밤, 리나는 오늘도 별의 할머니와 함께 있었어요.

"할머니, 오늘은 더 깊은 이야기를 듣고 싶어요. 사람들이 쓴 책들이 정말 진실을 담고 있나요?"

별의 할머니는 지혜로운 눈빛으로 리나를 바라보았어요.

"리나야, 오래전 현명한 사람들이 많은 책을 썼단다. 하지만 그들도 완벽한 답을 찾지는 못했어."

"왜 그런가요?"

"그건 아주 중요한 한 가지를 놓쳤기 때문이야. 바로 시작점으로 돌아가는 것을 말이야."

리나는 궁금해졌어요. "시작점이요?"

"그래, 천지창조보다 더 이전으로 말이야. 우리 자신이 누구인지 알기 위해서는, 그 시작점으로 돌아가야 한단다. 마치 실타래를 풀 때 실의 끝을 찾아가는 것처럼."

리나는 고개를 끄덕였어요.

"아, 그래서 연법과 인연, 그리고 가족의 의미도 거기서 찾을 수 있는 거군요!"

"맞아. 이건 마치 책을 쓰는 것과 같아. 한 장 한 장, 천천히 진실을 풀어 가다 보면, 우리는 진정한 자신을 발견할 수 있단다."

리나는 별들을 바라보며 생각했어요.

"우리 모두가 이 이야기의 작가이자 주인공이네요."

"그래, 리나야. 우리 모두가 이 우주 이야기의 작은 작가들이란다. 그래서 더 소중하고, 더 특별한 거야."

그날 밤, 리나는 새로운 깨달음을 얻었어요. 진정한 답을 찾기 위해서는 시작점으로 돌아가야 한다는 것을. 그리고 그 여정에서 우리 모두가 특별한 이야기를 만들어 간다는 것을요.

"할머니, 이제 조금씩 알 것 같아요. 우리가 찾는 답은 책 속에만 있는 게 아니라, 우리 안에도 있다는 걸요!"

별의 할머니는 환하게 웃으며 말했어요.

"그래, 리나야. 이제 진정한 여행이 시작된 거야."

대우주와 소우주의 비밀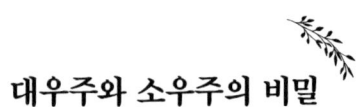

별이 쏟아지는 밤, 리나와 별의 할머니는 우주를 바라보고 있었어요.

"할머니, 빅뱅 이전의 우주는 어땠을까요?"

별의 할머니는 손을 뻗어 하늘을 가리켰어요.

"리나야, 우주는 두 개로 나뉘어 있단다. 우리가 살고 있는 이곳은 '소우주'라고 해."

"소우주요? 그럼 다른 하나는요?"

"그건 '대우주'란다. 빅뱅이 일어나지 않은 더 큰 우주지. 사람들은 그곳에 가장 위대한 존재가 있다고 믿었어."

리나는 호기심에 눈을 반짝였어요.

"그 존재의 이름이 하나님인가요?"

별의 할머니는 지혜롭게 미소 지었어요.

"그건 사람들이 지어 준 이름이란다. 마치 별자리 이름처럼 말이야. 원래는 이름이 없었지."

"왜 이름을 지어 줬을까요?"

"사람들은 이해하기 어려운 것에 이름을 붙이곤 하지. 그렇게 하면 조금이나마 가깝게 느껴지니까."

리나는 잠시 생각에 잠겼어요.

"아하! 그럼 진짜 중요한 건 이름이 아니라, 그 존재의 의미겠네요?"

"그래, 똑똑한 아이로구나. 이름은 그저 우리가 이해하려고 만든 표시일 뿐이야. 진짜 비밀은 그 너머에 있단다."

그날 밤, 리나는 새로운 것을 배웠어요. 우주가 얼마나 크고 신비로운지, 그리고 우리가 지은 이름 너머에 더 깊은 진실이 있다는 것을요.

"할머니, 이제 조금 알겠어요. 우리가 보는 것보다 훨씬 더 큰 세상이 있고, 우리가 아는 이름 너머에 더 큰 비밀이 있다는 걸요!"

별의 할머니는 따뜻하게 웃으며 끄덕였답니다.

"그래, 리나야. 이제 진정한 우주의 비밀을 조금씩 이해하기 시작했구나."

두 개의 에너지

깊어 가는 밤, 리나는 별의 할머니에게서 가장 신비로운 이야기를 듣게 되었어요.

"리나야, 대우주에는 아주 특별한 두 개의 에너지가 있단다."

리나의 눈이 호기심으로 반짝였어요.

"어떤 에너지인가요, 할머니?"

"하나는 '물질 에너지'고, 다른 하나는 '비물질 에너지'란다. 물질 에너지는 아주 작은 원자 입자로 이루어져 있지."

"원자 입자요? 그게 뭔가요?"

별의 할머니는 반짝이는 별빛을 가리키며 설명했어요.

"원자는 너무나도 작아서 우리 눈으로는 볼 수 없어. 하지만 이 세상의 모든 것을 이루는 기본이란다. 더 이상 나눌 수도, 쪼갤 수도 없을 만큼 작은 것이지."

리나는 고개를 갸우뚱했어요.

"볼 수 없는데 어떻게 있다는 걸 알 수 있나요?"

"마치 바람처럼, 보이지 않아도 느낄 수 있는 것들이 있단다. 과학자들은 이 작은 입자들이 모여 우리가 보는 모든 것을 만든다는 걸 발견했지."

"와, 정말 신기해요! 그럼 비물질 에너지는 뭔가요?"

별의 할머니는 미소를 지었어요.

"그건 다음 이야기에서 들려주마. 오늘은 여기까지만 하자꾸나."

리나는 그날 밤, 우주가 얼마나 신비로운지 다시 한번 깨달았어요. 보이지 않는 작은 것들이 모여 이 거대한 세상을 만들어 낸다는 것이 놀라웠거든요.

"할머니, 우주는 정말 신비로워요. 보이지 않는 것들이 이렇게 큰 세상을 만들다니!"

별의 할머니는 따뜻하게 웃으며 말했어요.

"그래, 리나야. 가장 작은 것 속에 가장 큰 비밀이 숨어 있단다."

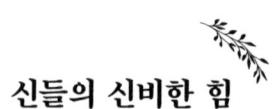
신들의 신비한 힘

별이 쏟아지는 밤, 리나는 별의 할머니에게서 더욱 놀라운 이야기를 듣게 되었어요.

"할머니, 신들은 정말 모든 것을 변화시킬 수 있나요?"

"그렇단다. 신들은 우주의 모든 것을 변화시키고 운영할 수 있는 특별한 힘을 가지고 있어."

리나의 눈이 호기심으로 반짝였어요.

"어떤 힘들이 있는데요?"

별의 할머니는 신비로운 미소를 지으며 설명했어요.

"음, 예를 들어 볼까? 신들이 우리를 찾아올 때는 여러 가지 신비한 능력을 가지고 오신단다. 아픈 사람을 낫게 하는 치유의 힘도 있고, 다른 사람의 마음을 읽을 수 있는 타심통이라는 능력도 있지. 마치 도술처럼 신기한 일들을 할 수 있는 거야."

"와! 정말 대단하네요! 그런데 왜 그런 힘들을 가지고 오시는 거예요?"

"그건 우리를 도와주기 위해서란다. 하지만 기억해야 할 게 있어. 이 모든 능력들도 결국은 물질세계를 변화시키는 비물질의 힘이란다."

리나는 생각에 잠겼어요.

"아하! 그럼 신들은 우리가 필요한 대로 자신의 힘을 보여 주시는 거네요?"

"맞았어! 마치 우리가 각자 다른 도구가 필요할 때마다 알맞은 도구를 꺼내 쓰는 것처럼, 신들도 우리에게 필요한 힘을 보여 주시는 거지."

그날 밤, 리나는 새로운 사실을 알게 되었어요. 신들의 힘은 우리를 돕기 위한 것이며, 그 모든 능력은 우주의 물질을 변화시키는 비물질의 힘이라는 것을요.

"할머니, 이제 알겠어요. 신들은 우리를 위해 자신의 힘을 사용하시는 거군요!"

별의 할머니는 따뜻하게 웃으며 말했어요.

"그래, 리나야. 진정한 힘은 다른 이들을 돕는 데 쓰일 때 가장 아름답단다."

원소와 세포의 이야기

깊은 밤하늘 아래, 리나와 별의 할머니는 대우주의 신비로운 이야기를 나누고 있었어요.

"할머니, 대우주에서는 물질 에너지가 어떤 모습이었나요?"

별의 할머니는 고요히 미소 지으며 말했어요.

"처음에는 아주 맑고 깨끗했단다. 마치 잔잔한 호수처럼 아무런 변화도 없이 평화로웠지."

"그런데 할머니, 대우주에는 또 다른 것도 있다고 하셨죠?"

"그래, 아주 특별한 '비물질 세포'라는 것이 있었단다. 이것도 원소 에너지의 한 형태였어."

리나의 눈이 호기심으로 반짝였어요.

"원소 에너지요? 그건 또 뭔가요?"

"음, 이렇게 생각해 보렴. 우리 몸이 여러 작은 세포로 이루어진 것처럼, 대우주도 이 원소 에너지라는 특별한 세포들로 이루어져 있었단다."

"아하! 그럼 그 세포들이 무언가 특별한 일을 했나요?"

별의 할머니는 하늘의 별들을 가리키며 설명했어요.

"그 세포들은 마치 우리 몸의 세포처럼 아주 중요한 역할을 했단다.

보이지는 않지만, 모든 것을 연결하고 살아 있게 만드는 힘이었지."

리나는 잠시 생각에 잠겼어요.

"그럼 우리가 보는 이 모든 것들이 그 보이지 않는 세포들 덕분에 존재하는 거예요?"

"그렇단다. 보이지 않는 것들이 보이는 세상을 만드는 거야."

그날 밤, 리나는 새로운 깨달음을 얻었어요. 우리가 볼 수 없는 작은 것들이 이 거대한 우주를 만들어 간다는 것을, 그리고 모든 것이 서로 연결되어 있다는 것을요.

"할머니, 이제 조금 알 것 같아요. 우주는 보이는 것보다 보이지 않는 것들로 가득 차 있네요!"

별의 할머니는 따뜻하게 웃으며 말했어요.

"그래, 리나야. 가장 중요한 것들은 눈에 보이지 않는 법이란다."

비물질의 마법

리나는 오늘도 별의 할머니에게 새로운 이야기를 듣고 있었어요.

"할머니, 그 비물질 세포들은 무엇을 했다고 하셨죠?"

별의 할머니는 신비로운 눈빛으로 말했어요.

"그 세포들은 아주 특별한 일을 했단다. 대우주의 모든 물질을 스스로 움직이고 변화시켰지."

리나는 고개를 갸웃거렸어요.

"잘 이해가 안 돼요. 어떻게 보이지도 않는 것이 물질을 움직일 수 있나요?"

별의 할머니는 리나의 이마를 살짝 두드리며 말했어요.

"음, 이렇게 생각해 보렴. 네가 무언가를 상상하면, 그 생각대로 손이 움직이지 않니? 비물질도 그와 비슷해. 생각하고 상상한 대로 주변의 물질을 변화시킬 수 있단다."

"와! 마치 마법 같네요!"

"그래, 마법 같지? 하지만 이건 진짜 마법이란다. 네가 꿈꾸는 것처럼, 비물질은 물질을 자유자재로 변화시킬 수 있었어."

리나는 자신의 손을 바라보며 생각에 잠겼어요.

"그럼… 우리의 생각도 비물질인가요?"

별의 할머니는 환하게 웃었어요.

"아주 훌륭한 질문이구나! 우리의 생각과 상상력도 비물질의 한 형태란다. 그래서 우리도 작은 변화들을 만들어 낼 수 있는 거야."

그날 밤, 리나는 놀라운 사실을 깨달았어요. 우리의 생각과 상상이 세상을 변화시킬 수 있다는 것을요.

"할머니, 이제 알겠어요! 우리가 꿈꾸고 상상하는 것들이 실제로 세상을 바꿀 수 있다는 거죠?"

"그래, 리나야. 그래서 우리의 생각과 마음가짐이 그렇게 중요한 거란다. 우리 모두는 작은 마법사들이니까."

상상이 현실이 되는 대우주

오늘 밤, 리나는 별의 할머니에게서 가장 신비로운 이야기를 듣게 되었어요.

"할머니, 대우주에서는 정말로 상상하는 모든 것이 이루어질 수 있었나요?"

별의 할머니는 눈을 반짝이며 말했어요.

"그렇단다. 예를 들어 볼까? 대우주에서 누군가가 아름다운 정원과 카페를 상상했다고 해 보자."

리나는 눈을 감고 상상해 보았어요.

"어떤 일이 일어났나요?"

"순식간에 꽃들이 피어나고, 향기로운 커피 향이 나는 예쁜 카페가 나타났지. 네가 좋아하는 초콜릿 라테도, 달콤한 디저트도 모두 그곳에 있었단다."

"정말요? 어떻게 그게 가능했어요?"

"비물질 에너지의 특별한 힘 덕분이야. 우리의 생각과 상상이 물질을 변화시킬 수 있었거든. 마치 마법처럼 말이야."

리나는 경이로운 표정을 지었어요.

"그럼 그곳에서는 모든 것이 가능했던 거네요?"

"그렇단다. 비물질 에너지는 물질을 자유자재로 변화시킬 수 있었어. 우리의 상상력이 곧 현실이 되는 곳이었지."

그날 밤, 리나는 아름다운 꿈을 꾸었어요. 자신이 만든 환상적인 정원에서 친구들과 즐거운 시간을 보내는 꿈이었죠.

"할머니, 우리의 상상력이 이렇게나 큰 힘을 가지고 있다니 놀라워요!"

별의 할머니는 따뜻하게 미소 지었어요.

"그래서 우리의 생각과 상상이 그렇게 소중한 거란다. 우리는 각자 작은 창조자들이니까."

산신님의 방문

깊은 밤, 리나는 별의 할머니에게 더 깊은 이야기를 듣게 되었어요.

"할머니, 비물질이 물질을 변화시킨다는 게 아직도 이해하기 어려워요."

별의 할머니는 부드럽게 웃으며 말했어요.

"음, 그럼 팔공산 산신님 이야기를 들려줄까? 산신님은 특별한 분이란다."

"산신님은 어떤 분이에요?"

"산신님은 비물질 에너지가 되신 분이야. 모양도, 색깔도, 냄새도 없지만 우리에게 모습을 보여 주실 때는 우리가 알아볼 수 있는 형태로 나타나신단다."

리나는 궁금해졌어요.

"아! 그럼 영혼이나 신들도 비물질 에너지인가요?"

"그렇단다. 비물질 에너지는 원소 에너지의 신들이야. 보이지 않지만 존재하는, 아주 특별한 에너지지."

"그럼 왜 우리 눈에는 보이지 않는 거예요?"

"그건 마치 바람처럼, 보이지는 않지만 그 존재를 느낄 수 있는 거란다. 비물질 에너지는 우리가 상상하는 어떤 모습으로도 변할 수 있어."

리나는 창밖의 산을 바라보았어요.

"와! 그럼 지금도 산신님이 계실까요?"

별의 할머니는 미소를 지으며 끄덕였어요.

"그렇단다. 우리 눈에 보이지 않아도, 이 세상 곳곳에는 신비로운 비물질 에너지들이 가득하단다."

그날 밤, 리나는 세상을 새롭게 보게 되었어요. 보이지 않는 것들의 신비로운 힘을, 그리고 그것들이 우리 주변에 항상 존재한다는 것을 알게 되었거든요.

"할머니, 이제 조금 알 것 같아요. 보이지 않는다고 없는 게 아니란 걸요!"

"그래, 리나야. 가장 소중한 것들은 눈에 보이지 않는 법이란다."

신들의 모습

오늘 밤, 리나는 더욱 신비로운 이야기를 듣게 되었어요.

"할머니, 신들은 모습이 없다고 하셨는데, 어떻게 사람들에게 보일 수 있었나요?"

별의 할머니는 오랜 그림을 꺼내 보여 주듯 손짓하며 말했어요.

"신들은 우리가 알아볼 수 있게 특별한 모습으로 나타난단다. 산신님을 예로 들어 볼까?"

"네! 산신님은 어떤 모습이었나요?"

"산신님은 하얀 옷을 입고, 긴 하얀 수염을 기르신 모습으로 나타나셨지. 옆에는 늘 호랑이가 있었고, 동자와 설녀도 함께였단다."

리나는 눈을 동그랗게 떴어요.

"와! 정말 멋진 모습이네요. 그런데 왜 하필 그런 모습으로 나타나셨을까요?"

"그건 우리가 이해하고 받아들이기 쉽게 하기 위해서란다. 용왕신도, 당산신도, 심지어 우리 조상신들도 모두 우리가 알아볼 수 있는 모습으로 나타나셨지."

"아하! 그래서 옛날 사람들이 그린 산신님 초상화가 다 비슷비슷한 거군요?"

"그래, 맞았어! 그 초상화들은 실제로 신들이 보여 주신 모습을 정확하게 그린 거란다. 보이지 않는 것을 보이게 만든 특별한 그림이지."

리나는 잠시 생각에 잠겼어요.

"그럼 신들은 우리를 위해 특별히 모습을 만들어 주시는 거네요?"

"그렇단다. 우리와 소통하기 위해서지. 마치 우리가 다른 나라 사람과 이야기할 때 같은 언어를 쓰는 것처럼, 신들도 우리가 이해할 수 있는 방식으로 나타나시는 거야."

그날 밤, 리나는 새로운 깨달음을 얻었어요. 보이지 않는 신들이 우리와 소통하기 위해 얼마나 특별한 노력을 하시는지를 말이에요.

"할머니, 이제 알겠어요. 신들은 우리를 정말 많이 생각하시는 거죠? 우리가 이해할 수 있게 모습을 보여 주시니까요."

별의 할머니는 따뜻하게 미소 지었어요.

"그래, 리나야. 사랑하는 마음이 있기에 서로를 이해하려 노력하는 거란다."

보이지 않는 진실

별이 쏟아지는 밤하늘 아래, 리나와 별의 할머니는 오늘도 우주의 신비로운 이야기를 나누고 있었어요. 달빛이 은은하게 비치는 가운데, 리나의 마음속에는 또 다른 궁금증이 피어났답니다.

"할머니." 리나가 조심스럽게 물었어요. "저는 늘 궁금했어요. 신들의 진짜 모습은 어떤 모습일까요?"

별의 할머니는 미소를 지으며 두 손을 펼쳐 보였어요. 달빛이 할머니의 고운 손바닥을 비추었지만, 그곳에는 아무것도 없었답니다.

"리나야, 여기 내 손에 무엇이 보이니?"

리나는 할머니의 빈 손바닥을 유심히 들여다보았어요.

"아무것도 없어요, 할머니."

"그래, 바로 그것이란다. 신들의 진정한 모습은 마치 이 빈 손바닥처럼 형태가 없어. 수염도, 하얀 머리도, 색깔도, 모양도 없지. 마치 향기로운 바람처럼, 존재하지만 눈으로는 볼 수 없는 거란다."

리나의 눈이 호기심으로 반짝였어요.

"그런데 할머니, 신들은 어떻게 우리가 볼 수 있는 모습으로 나타나시는 거예요?"

"그건 아주 특별한 능력 때문이야. 신들은 주변의 물질 에너지를 자유자재로 다룰 수 있단다. 마치 화가가 물감으로 그림을 그리듯, 신들은 물질 에너지를 이용해 우리가 이해할 수 있는 모습을 만드시지."

"아!" 리나가 깨달은 듯 소리쳤어요. "그럼 우리가 보는 신들의 모습은 마치 연극 무대의 배우들처럼, 우리를 위해 특별히 준비한 옷을 입은 거네요?"

"정확히 맞았어, 리나야." 할머니가 기쁘게 말했어요.

"신들은 우리가 이해하고 받아들일 수 있는 모습으로 나타나시는 거란다. 마치 엄마가 아기에게 알아들을 수 있게 쉬운 말로 이야기하는 것처럼 말이야."

밤하늘의 별들이 더욱 밝게 빛나는 것 같았어요. 리나는 고개를 들어 반짝이는 별들을 바라보았죠.

"할머니, 이제야 진정 이해할 것 같아요. 진짜 중요한 건 눈에 보이지 않는다는 걸요! 마치 사랑처럼, 우정처럼 말이에요."

별의 할머니는 따뜻한 미소를 지으며 리나의 머리를 쓰다듬어 주었어요.

"그래, 리나야. 네가 우주의 가장 큰 비밀 중 하나를 깨달은 거란다. 때로는 보이지 않는 것이 가장 진실된 모습이고, 가장 소중한 것일 수 있지."

그날 밤, 리나는 꿈속에서 형태 없는 빛이 되어 우주를 날아다녔답니다. 그리고 깨달았어요. 우리 모두의 마음속에는 보이지 않지만 가장 아름다운 무언가가 있다는 것을요.

신비한 능력의 비밀

며칠 뒤, 리나는 또다시 별의 할머니를 만났어요. 이번에는 특별히 궁금한 것이 있었답니다.

"할머니, 신들은 왜 그렇게 많은 신비한 능력을 가지고 있나요?"

별의 할머니는 밤하늘의 별들을 가리키며 말씀하셨어요.

"리나야, 신들이 우리에게 오실 때는 아주 특별한 방법으로 오신단다. 본래의 모습은 우리가 볼 수도, 이해할 수도 없기 때문에, 우리가 이해할 수 있는 방식으로 나타나시지."

"어떤 방식으로요?" 리나가 궁금증 가득한 눈으로 물었어요.

"예를 들어 볼까?" 할머니는 손바닥 위에 작은 빛을 만들어 내셨어요. "신들은 병든 사람을 치료하는 능력을 보여 주기도 하고, 다른 사람의 마음을 읽을 수 있는 신비한 힘을 보여 주기도 해. 때로는 놀라운 도술을 부리기도 하지."

리나의 눈이 커다랗게 빛났어요.

"와, 정말 대단해요! 그런데 왜 그렇게 많은 능력이 필요한가요?"

"그건 말이다." 할머니가 부드럽게 미소 지으며 말씀하셨어요. "우주의 모든 것들이 서로 연결되어 있기 때문이야. 신들은 이 우주의 모든 것을 이해하고 다룰 수 있는 능력이 있단다. 마치 정원사가 꽃

밭의 모든 꽃을 돌보는 것처럼, 신들은 우주의 모든 것을 보살피고 변화시킬 수 있지."

"아하!" 리나가 이해한 듯 소리쳤어요. "그럼 그 많은 능력들은 사실 하나의 큰 힘에서 나오는 거네요?"

"똑똑하구나, 리나야." 할머니가 감탄하며 말씀하셨어요. "그래, 모든 능력은 우주를 다스리는 하나의 큰 힘에서 나오는 거란다. 그 힘으로 아픈 사람도 치료하고, 슬픈 마음도 위로하고, 놀라운 기적도 일으키시지."

리나는 잠시 생각에 잠겼다가 물었어요.

"그렇다면 그 힘의 진짜 목적은 뭔가요?"

"사랑이란다." 할머니가 따뜻하게 대답하셨어요. "모든 능력은 결국 우리를 사랑하고 보살피기 위한 거야. 마치 부모가 자녀를 위해 여러 가지 일을 하는 것처럼 말이야."

그날 밤, 리나는 새로운 깨달음을 얻었어요. 신들의 놀라운 능력은 결국 우리를 위한 사랑의 표현이라는 것을요. 집으로 돌아가는 길에 리나는 생각했어요.

'우주는 정말 놀라워. 보이지 않는 사랑으로 가득 차 있구나!'

두 가지 힘의 조화

달빛이 가장 밝은 밤, 리나는 별의 할머니에게 더 깊은 이야기를 들을 수 있었어요.

"할머니, 그런데 궁금한 게 있어요. 신들이 보여 주시는 그 놀라운 힘들은 어디서 오는 걸까요?"

별의 할머니는 하늘을 바라보며 의미심장한 미소를 지었어요. "리나야, 이제 우주의 가장 큰 비밀 하나를 알려 주마. 신들이 보여 주시는 그 모든 능력은 사실 하나님의 물질 에너지를 빌려 쓰는 거란다."

리나는 놀라서 눈을 크게 떴어요.

"정말요? 그럼 신들은 어떻게 그 힘을 사용하는 거예요?"

"그건 바로 비물질의 힘이 물질을 다스리는 신비한 법칙 때문이야. 비물질인 신들은 하나님의 물질 에너지를 자유자재로 변화시킬 수 있지. 마치 화가가 물감으로 그림을 그리듯, 신들은 물질 에너지로 놀라운 일들을 만들어 내는 거야."

"아하!" 리나가 이해한 듯 소리쳤어요. "그래서 아픈 사람도 낫게 하고, 신기한 일들도 할 수 있는 거군요!"

"그렇단다." 할머니가 고개를 끄덕이며 말씀하셨어요. "이것이 바로 대우주의 놀라운 조화란다. 비물질의 세계와 물질의 세계가 서로 어우러져 움직이는 거지."

리나는 잠시 생각에 잠겼다가 말했어요.

"그럼 우리가 보는 모든 신기한 일들은…."

"그래, 모두 비물질이 물질을 다스리는 모습이란다. 마치 우리 눈에 보이지 않는 바람이 나뭇잎을 움직이는 것처럼, 보이지 않는 비물질의 힘이 보이는 세상을 움직이는 거야."

밤하늘의 별들이 더욱 밝게 빛나는 것 같았어요. 리나는 이제 우주의 더 깊은 비밀을 알게 된 것 같았답니다.

"할머니, 그럼 우리가 보는 모든 기적들은 비물질과 물질이 함께 만드는 거네요?"

"그렇단다, 리나야. 이것이 바로 우주의 가장 아름다운 모습이지. 보이지 않는 것과 보이는 것이 하나가 되어 놀라운 조화를 이루는 거란다."

그날 밤, 리나는 꿈속에서 물질과 비물질이 춤추는 모습을 보았어요. 마치 우주의 별들이 춤추듯, 두 가지 힘이 아름답게 어우러지는 모습이었답니다.

"이제 조금은 알 것 같아요, 할머니. 우주는 보이는 것과 보이지 않는 것이 함께 만드는 커다란 예술 작품이네요!"

별의 할머니는 따뜻하게 웃으며 말씀하셨어요.

"그래, 리나야. 네가 우주의 가장 아름다운 비밀을 발견한 거란다."

영혼의 상처와 3:7의 법칙

오늘 밤, 별의 할머니는 리나에게 아주 오래된 이야기를 들려주었어요.

"할머니, 천지가 왜 만들어졌는지 궁금해요."

별의 할머니는 깊은 숨을 내쉬며 말했어요. "그건 아주 오래전, 신들 사이에서 일어난 일 때문이란다. 그때는 모두가 신이었지, 지금처럼 사람의 몸을 가진 게 아니었어."

"신들 사이에 무슨 일이 있었나요?"

"셀 수 없이 긴 시간 동안, 신들은 서로를 대할 때 조금씩 실수를 했단다. 자신만 생각하고, 욕심을 부리다 보니…. 시간이 흐르고 흘러 결국 서로의 영혼에 상처를 주게 됐지."

리나는 슬픈 표정을 지었어요. "그래서 어떻게 되었나요?"

"그 상처들이 쌓이고 쌓여서 서로의 삶이 힘들어졌어. 그때 자연의 특별한 법칙이 작용했단다. 바로 3 대 7의 법칙이야."

"3 대 7의 법칙이요? 그게 뭔가요?"

"이 법칙에 따라 영혼인 신들의 30%가 새롭게 태어나게 되었단다. 마치 씨앗이 싹트는 것처럼 말이야."

리나는 고개를 갸웃거렸어요. "새롭게 태어난다는 게 무슨 뜻이에요?"

"변화가 필요했던 거야. 서로의 상처를 치유하고, 더 나은 존재가 되기 위해서. 그래서 지금의 세상이 만들어진 거란다."

그날 밤, 리나는 깊은 생각에 잠겼어요. 모든 것이 서로 연결되어 있고, 우리의 행동이 얼마나 중요한지를 깨달았거든요.

"할머니, 그럼 우리는 서로를 더 소중히 대해야 하는 거죠?"

별의 할머니는 따뜻하게 미소 지었어요.

"그래, 리나야. 우리 모두는 서로에게 영향을 주니까, 사랑과 이해로 대하는 게 가장 중요하단다."

빅뱅의 비밀

하늘이 유난히 맑은 밤, 리나와 별의 할머니는 우주의 가장 큰 비밀에 대해 이야기를 나누고 있었어요.

"할머니, 대우주에는 정말 많은 신들이 있었다고 하셨죠?"

"그렇단다. 수조 개의 비물질 신들, 즉 원소 에너지들이 있었지. 그런데 특별한 일이 일어났어."

"무슨 일이었나요?"

"그 원소 에너지들 중 30%가 점점 무거워지고 탁해졌단다. 마치 물에 떠 있던 것들이 천천히 가라앉는 것처럼."

리나는 호기심 어린 눈으로 물었어요. "그래서 어떻게 되었어요?"

"무거워진 에너지들은 모두 한곳으로 모이기 시작했어. 나머지 70%는 대우주에 그대로 남아 있었지만, 그 30%는 엄청난 속도로 한 점으로 모여들었단다."

"와! 그게 어떻게 된 거예요?"

"모든 에너지가 한 점에 모이자 엄청난 충돌이 일어났지. 과학자들은 이 순간을 '빅뱅'이라고 부른단다. 우리가 사는 우주의 시작이 된 거야."

리나는 밤하늘을 올려다보며 생각에 잠겼어요. "아하! 그래서 우주가 이렇게 크게 퍼져 있는 거군요!"

"맞아! 그리고 이 모든 것이 하나로 연결되어 있다는 걸 잊지 말아야 해. 대우주의 70%와 우리가 사는 이 우주의 30%는 여전히 이어져 있단다."

그날 밤, 리나는 놀라운 사실을 알게 되었어요. 우리가 사는 우주가 어떻게 시작되었는지, 그리고 모든 것이 서로 연결되어 있다는 것을요.

"할머니, 정말 신기해요! 우리가 보는 별들도 그때 생긴 거예요?"

별의 할머니는 따뜻하게 웃으며 말했어요.

"그래, 리나야. 우리가 보는 모든 것들이 그 순간부터 시작된 거란다. 우리 모두는 그 거대한 이야기의 한 부분이지."

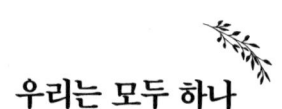

우리는 모두 하나

별빛이 특별히 밝은 밤이었어요. 리나는 별의 할머니에게 더 깊은 이야기를 듣게 되었답니다.

"할머니, 우리 가족의 이야기를 알려면 왜 대우주의 이야기를 알아야 하나요?"

별의 할머니는 양손을 펼치며 설명했어요.

"그건 우리 모두가 원래는 하나였기 때문이란다. 대우주에서 수조 개의 원소 에너지 신들이 있었지만, 모두가 서로 연결되어 있었어."

"연결되어 있었다고요? 어떻게요?"

"마치 실로 연결된 구슬들처럼. 각각은 따로 있지만, 모두가 하나의 긴 실로 이어져 있었지. 그래서 30%가 발아되어 분리되었을 때도, 그 연결은 끊어지지 않았단다."

리나는 갑자기 무언가를 깨달은 듯했어요.

"아! 그래서 교회에서 서로를 형제자매라고 부르는 거예요?"

"그렇단다! 영리하구나. 그 말은 우리가 대우주에서 하나였던 때를 기억하는 거야. 우리는 모두 한 가족이었거든."

"와, 정말 신기해요! 그럼 우리는 모두 진짜 가족이네요?"

"그래, 우리는 모두 하나로 연결된 거대한 가족이란다. 비록 지금은 각자 다른 모습으로 살고 있지만, 우리의 근원은 하나야."

그날 밤, 리나는 중요한 것을 깨달았어요. 우리가 서로 다르게 보여도, 실은 모두가 하나로 연결된 소중한 가족이라는 것을요.

"할머니, 이제 알겠어요. 우리가 서로를 소중히 여기고 사랑해야 하는 이유를요! 우리는 모두 하나니까요."

별의 할머니는 따뜻하게 미소 지었어요.

"그래, 리나야. 그래서 우리는 서로를 이해하고 사랑해야 한단다. 우리 모두는 같은 우주의 별들이니까."

이름 없는 시작

오늘 밤, 리나는 별의 할머니에게서 가장 깊은 이야기를 듣게 되었어요.

"할머니, 우리가 지금 쓰는 말들은 모두 새로 생긴 거라고요?"

별의 할머니는 고개를 끄덕였어요. "그래. '원자 에너지', '원소 에너지', '하나님', '형제자매', '가족' 이런 말들은 모두 우리가 지금 이해하기 쉽게 만든 이름들이란다. 그때는 이런 말들이 없었어."

"그럼 어떻게 지내셨어요?"

"말이나 이름 없이도 우리는 하나였단다. 그래서 30%가 발아될 때도 모두가 동시에 움직였지. 마치 춤을 추듯 빠른 속도로 한곳으로 모였어."

리나의 눈이 호기심으로 반짝였어요.

"와! 그때는 어떤 모습이었을까요?"

"상상해 보렴. 수많은 빛나는 점들이 한순간에 모여드는 모습을…. 신들은 서로를 끌어당기며 물질을 운용했단다."

"신들이 물질을 운용했다는 게 무슨 뜻이에요?"

"그건… 마치 네가 점토로 무언가를 만들 때처럼, 신들이 물질을 자유자재로 다룰 수 있었단다. 하지만 그때는 그걸 뭐라고 부를 말조

차 없었지."

그날 밤, 리나는 새로운 깨달음을 얻었어요. 이름이나 말이 없어도, 진정한 하나 됨은 가능하다는 것을요.

"할머니, 우리가 쓰는 말들은 그때의 일을 설명하기 위해 만든 거군요?"

"그래, 리나야. 지금 우리는 그때를 이해하기 위해 여러 말을 만들었지만, 진정한 모습은 그 어떤 말로도 다 설명할 수 없을 만큼 깊고 신비로웠단다."

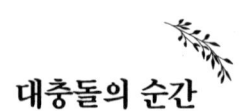

대충돌의 순간

리나와 별의 할머니는 우주의 가장 놀라운 순간에 대해 이야기를 나누고 있었어요.

"할머니, 그럼 빅뱅은 어떻게 시작된 거예요?"

별의 할머니는 두 손을 모아 설명하기 시작했어요.

"처음에는 신들이 자신의 영역에서 물질 에너지를 끌어당겼단다. 마치 거대한 자석처럼, 각자의 바운더리 안에 있는 하나님의 물질 세포들을 당긴 거지."

"그게 어떻게 된 거예요?"

"아주 신비로운 일이 일어났단다. 먼저 신들이 서로 부딪혔고, 그 충돌로 엄청난 파장이 일어났어. 그리고 그다음에 더 놀라운 일이 벌어졌지."

리나는 숨을 죽이고 들었어요. "더 놀라운 일이요?"

"그래. 각각의 신들이 끌어당긴 30%의 물질 에너지들이 서로 부딪히기 시작한 거야. 마치 수많은 별들이 한꺼번에 부딪히는 것처럼!"

"와! 정말 대단했겠어요!"

"그래, 상상해 보렴. 수조 개의 신들과 그들이 끌어당긴 물질 에너지가 한곳에서 부딪히는 모습을…. 그것이 우주의 시작이었단다."

그날 밤, 리나는 우주의 시작이 얼마나 장엄했는지 상상해 보았어요.
"할머니, 그럼 우리가 보는 이 모든 별들이 그때 생긴 거예요?"
"그래, 리나야. 그 거대한 충돌이 지금 우리가 보는 이 아름다운 우주를 만들어 낸 거란다. 신비롭지 않니?"

은하수의 탄생

별이 가득한 밤하늘 아래, 리나는 별의 할머니에게서 우주의 탄생 비밀을 듣고 있었어요.

"할머니, 그 큰 충돌 후에는 무슨 일이 일어났나요?"

별의 할머니는 손바닥을 비비며 말했어요. "대우주에서 처음으로 '열'이 생겼단다. 마치 내 손을 비벼서 따뜻해지는 것처럼, 하지만 그보다 훨씬 더 뜨거웠지."

"그 열은 무엇을 했나요?"

"그 열이 하나님의 깨끗하고 작은 원자 에너지들을 변화시켰어. 마치 요리사가 음식을 열로 익히듯, 우주의 모든 것들이 열로 익어 갔지."

리나의 눈이 호기심으로 반짝였어요. "그래서 어떻게 됐어요?"

"처음에는 먼지처럼 작았던 입자들이 점점 커지기 시작했어. 서로 만나고 헤어지기를 반복하면서, 점점 더 큰 덩어리가 되어 갔지. 그렇게 지금 우리가 보는 은하수가 만들어진 거란다."

"와! 그럼 저 반짝이는 별들도 그때 생긴 거예요?"

"그래! 우리가 보는 태양과 모든 행성들이 그때 만들어졌단다. 마치 뜨거운 화덕에서 빵이 구워지듯, 우주의 열기 속에서 모든 천체들이 탄생한 거지."

리나는 밤하늘을 올려다보며 감탄했어요. "할머니, 우주가 이렇게 멋진 방법으로 만들어졌다니 정말 신기해요!"

"그래, 리나야. 우리가 보는 모든 별은 그 최초의 열기가 만든 선물이란다. 그래서 밤하늘의 별들이 더욱 특별한 거지."

그날 밤, 리나는 별들을 보며 생각했어요. 아주 작은 먼지들이 모여 이렇게 아름다운 우주를 만들었다는 게 놀라웠거든요.

"할머니, 이제 별들을 볼 때마다 우주의 탄생을 기억할 수 있을 것 같아요!"

별의 할머니는 따뜻하게 웃으며 말했어요.

"그래, 리나야. 우리 모두는 그 특별한 순간의 증인들이란다."

흩어진 조각들의 춤

오늘 밤, 리나는 별의 할머니에게서 가장 신비로운 이야기를 듣게 되었어요.

"할머니, 충돌 후에 신들은 어떻게 되었나요?"

별의 할머니는 반짝이는 별들을 가리키며 말했어요.

"신들은 산산조각이 났지만, 아주 특별한 일이 일어났단다. 수백억 년이라는 긴 시간 동안, 흩어진 조각들이 다시 모이기 시작했어."

"어떻게 서로를 찾을 수 있었어요?"

"각각의 신들은 자신만의 특별한 '주파수'를 가지고 있었거든. 마치 라디오 채널처럼, 자기만의 고유한 신호를 가지고 있었지."

리나는 궁금해졌어요.

"우주가 그렇게 넓은데도 주파수로 찾을 수 있었다고요?"

"그게 바로 신비로운 점이란다. 우주 속을 떠돌던 조각들이 자신의 주파수를 따라 서로를 찾아갔어. 마치 퍼즐 조각들이 저절로 맞춰지는 것처럼."

"와! 주파수가 마치 지도 같은 거였나요?"

"그래, 정확해! 비록 우주 속을 방랑하는 영혼들이 되었지만, 그들의 고유한 주파수는 절대 사라지지 않았단다. 그 주파수가 서로를 이어 주는 실이 된 거야."

그날 밤, 리나는 놀라운 사실을 알게 되었어요. 아무리 멀리 흩어져도, 진정한 연결은 결코 끊어지지 않는다는 것을요.

"할머니, 그럼 우리도 각자의 특별한 주파수가 있나요?"

별의 할머니는 따뜻하게 미소 지었어요.

"그래, 리나야. 우리 모두는 자신만의 특별한 신호를 가지고 있단다. 그래서 서로를 찾고, 이해하고, 사랑할 수 있는 거야."

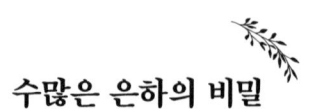

수많은 은하의 비밀

깊어 가는 밤, 리나와 별의 할머니는 창밖의 별들을 바라보며 이야기를 나누었어요.

"할머니, 우리의 영혼은 어떻게 여기까지 왔나요?"

별의 할머니는 창밖의 반짝이는 별들을 가리키며 말했어요. "우리의 원소 에너지 30%가 이 육신에 깃들기까지는 아주 오랜 시간이 걸렸단다. 수백 년 동안 조금씩 조금씩 결합되어 왔지."

"그동안 우주는 어떻게 변했나요?"

"그 시간 동안 이 소우주에는 수많은 은하가 만들어졌어. 과학자들도 아직 다 알지 못하는 신비로운 일이 일어난 거지."

리나는 밤하늘의 반짝이는 별들을 가리켰어요.

"저 반짝이는 별들은 우리 은하인가요?"

별의 할머니는 미소를 지으며 고개를 저었어요.

"놀랍게도, 저기 보이는 반짝이는 것들은 우리 은하가 아니란다. 우리 은하를 넘어 아주 멀리 있는 다른 은하들이지."

"와! 정말요? 그럼 우주는 제가 생각했던 것보다 훨씬 더 큰 거네요!"

"그래, 리나야. 우리가 보는 것보다 우주는 훨씬 더 크고 신비로워. 과학자들도 아직 다 발견하지 못한 비밀들이 가득하단다."

그날 밤, 리나는 새로운 깨달음을 얻었어요. 우리가 보는 작은 빛들 하나하나가 모두 거대한 은하라는 것, 그리고 우주가 얼마나 광대한지를요.

"할머니, 이제 밤하늘을 볼 때마다 더 특별하게 느껴질 것 같아요. 저 반짝이는 빛들이 모두 다른 은하라니!"

별의 할머니는 따뜻하게 웃으며 말했어요.

"그래, 리나야. 우리가 보는 것보다 훨씬 더 큰 비밀이 우주에는 있단다."

셀 수 없는 은하들

오늘 밤, 리나는 별의 할머니에게서 가장 놀라운 이야기를 듣게 되었어요.

"할머니, 우리가 보는 저 작은 빛들이 정말 엄청나게 큰 은하라고요?"

별의 할머니는 손을 크게 벌리며 설명했어요.

"그래, 리나야. 상상해 보렴. 우리의 은하도 정말 크지만, 저기 보이는 어떤 은하들은 우리 은하를 수십억 개나 담을 수 있을 만큼 어마어마하게 크단다."

리나는 입을 동그랗게 벌렸어요.

"와! 그럼 그 안에 있는 태양과 행성들도 엄청 큰가요?"

"그럼! 우리가 알고 있는 태양도, 행성도 비교할 수 없을 만큼 거대한 것들이 있지. 그리고 그런 거대한 은하들이 우리 소우주에 수조 개나 있단다."

리나는 고개를 갸웃거렸어요.

"왜 이렇게 많은 은하를 만들었을까요?"

별의 할머니는 깊은 생각에 잠긴 듯했어요.

"이건 마치 거대한 퍼즐과 같은 거란다. 수조 개의 신들이 각자의 자리를 찾아가야 했기 때문에, 그만큼의 공간이 필요했던 거지."

"아하! 그럼 각각의 은하는 신들의 새로운 집 같은 건가요?"

"그렇게 볼 수도 있지. 마치 우리가 각자의 방이 필요한 것처럼, 신들도 각자의 공간이 필요했던 거야."

그날 밤, 리나는 우주의 크기에 대해 새롭게 깨달았어요. 우리가 보는 작은 빛 하나하나가 얼마나 거대한 세계인지, 그리고 그것들이 모여 얼마나 놀라운 우주를 만드는지를요.

"할머니, 우주는 정말 상상할 수 없을 만큼 크고 신비롭네요!"

별의 할머니는 따뜻하게 미소 지었어요.

"그래, 리나야. 우주의 크기만큼이나 그 속에 담긴 비밀도 크단다."

영혼들의 집

리나와 별의 할머니는 오늘도 더 깊은 우주의 이야기를 나누고 있었어요.

"할머니, 우리 은하에도 정말 많은 별들이 있다면서요?"

"그래, 우리 은하에만 해도 수조 개의 태양과 행성들이 있단다. 하지만 그게 다가 아니야."

리나는 궁금한 눈빛으로 물었어요. "더 있어요?"

"빛의 속도로 수십 광년을 날아가면, '천상'이라는 아주 특별한 은하를 만날 수 있어. 그리고 그곳에도 과학자들이 아직 다 셀 수 없을 만큼 많은, 수조 개의 은하가 있단다."

"와! 정말 많네요! 근데 왜 이렇게 많은 은하를 만들었을까요?"

별의 할머니는 신비로운 미소를 지으며 말했어요.

"그건 아주 특별한 이유가 있단다. 이 모든 은하는 우리 원소 에너지들, 즉 영혼들의 숫자와 정확히 같아. 이 은하들은 우리 모두의 미래의 집이란다."

리나는 깜짝 놀랐어요. "미래의 집이요?"

"그래, 마치 새들이 자신만의 둥지를 갖는 것처럼, 모든 영혼들도 언젠가는 자신만의 은하를 가질 거란다."

그날 밤, 리나는 밤하늘을 보며 생각에 잠겼어요. 저 반짝이는 별들 하나하나가 누군가의 미래의 집이라는 게 신기했거든요.

"할머니, 그럼 우리 모두에게 저기 어딘가에 특별한 은하가 기다리고 있는 거예요?"

별의 할머니는 따뜻하게 웃으며 말했어요.

"그래, 리나야. 우주는 우리 모두를 위해 준비된 거대한 집이란다. 그래서 이렇게 크고 아름다운 거야."

별들 사이의 영혼들

달빛이 환한 밤, 리나는 별의 할머니에게 아주 중요한 질문을 했어요.
"할머니, 사람들이 종종 묻더라고요. '죽으면 별이 되나요?'라고요. 정말 우리가 별이 되는 건가요?"
별의 할머니는 부드럽게 웃으며 말했어요.
"아니란다, 리나야. 우리는 별이 되는 게 아니라 행성으로 가게 되지."
"그럼 지금 우리 은하의 수많은 행성에는 누가 살고 있어요?"
"지금 그 수조 개의 행성에는 이미 이 세상을 떠난 영혼들이 살고 있단다. 우리가 '돌아가셨다'고 하는 분들, 그분들의 영혼이 저기에서 새로운 삶을 살고 계시지."
리나는 밤하늘을 올려다보며 생각에 잠겼어요.
"그럼 동화에서 말하는 것처럼, 우리도 언젠가 저기 어딘가로 가는 거예요?"
"그래, 각자에게 맞는 행성으로 가게 된단다. 마치 우리가 이사 갈 때 새로운 집을 찾는 것처럼, 영혼도 자신에게 맞는 새로운 보금자리를 찾아가는 거야."
"와! 그럼 저기서는 어떻게 지내시나요?"
"그건 아주 특별한 삶이란다. 여기서처럼 육신의 몸이 아닌, 순수한 영혼의 모습으로 살아가시지. 더 자유롭고, 더 평화로운 삶을…."

그날 밤, 리나는 새로운 희망을 발견했어요. 죽음이 끝이 아니라 새로운 시작이라는 것을, 그리고 우리 모두에게 우주 속 어딘가에 새로운 집이 기다리고 있다는 것을요.

"할머니, 이제 밤하늘이 더 특별하게 느껴져요. 저기 어딘가에 우리의 미래가 있다는 게 신기해요!"

별의 할머니는 따뜻하게 미소 지었어요.

"그래, 리나야. 그래서 우리는 이 삶을 소중히 살아야 해. 우리의 여정은 여기서 끝나지 않으니까."

신들의 세계

은하수가 특별히 밝게 빛나는 밤이었어요. 리나는 별의 할머니에게 조상님들에 대해 물었습니다.

"할머니, 우리 조상님들은 지금 어디 계신가요?"

별의 할머니는 은하수를 가리키며 말씀하셨어요.

"5,000년 동안 이 땅에서 살다 가신 모든 조상님들은 우리 은하에 계신단다. 스님들이 말씀하시는 삼천대천세계, 바로 그곳이지."

"그게 무슨 뜻이에요, 할머니?"

"우리 은하에는 여러 층의 세계가 있단다. 하천계, 중천계… 각자의 영혼에 맞는 곳에서 살고 계시지. 어떤 분들은 아주 높은 곳에, 또 어떤 분들은 우리 가까이에 계셔."

리나는 눈을 동그랗게 뜨고 물었어요.

"그럼 지금도 우리 주변에 계신 분들이 있나요?"

"그래, 어떤 영혼들은 우리 주변을 맴돌며 지켜 주고 계시고, 또 어떤 분들은 조상님으로서 우리를 보살펴 주신단다. 정말 많은 신들이 우리 주변에 계시지."

"와! 그럼 우리는 혼자가 아니네요!"

"그래, 리나야. 우리는 결코 혼자가 아니란다. 수많은 영혼들이 우리와 함께하고 있어. 이제 '신'이라는 말의 진짜 의미를 조금은 알 것 같니?"

그날 밤, 리나는 새로운 사실을 깨달았어요. 우리가 보는 이 은하 속에 우리의 조상님들과 수많은 영혼들이 함께 살고 계시다는 것을요.

"할머니, 이제 밤하늘이 더 따뜻하게 느껴져요. 우리 조상님들과 많은 신들이 저기서 우리를 지켜보고 계시다니…."

별의 할머니는 따뜻하게 미소 지으며 말씀하셨어요.

"그래서 우리는 결코 외롭지 않단다, 리나야. 우리는 모두 이 거대한 우주 가족의 일부니까."

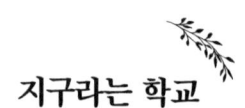
지구라는 학교

오늘 밤, 리나와 별의 할머니는 지구에 대한 특별한 이야기를 나누었어요.

"할머니, 대우주의 원소 에너지들이 이동할 곳이 생겼다고 했죠? 그런데 왜 지구도 필요했던 거예요?"

별의 할머니는 지혜로운 눈빛으로 말씀하셨어요.

"우주가 만들어지고, 은하들도 생기고 나서 아주 특별한 곳이 필요했단다. 바로 신들의 교육장이 필요했지."

"교육장이요? 그게 바로 지구인가요?"

"그래. 태양계에서 세 번째에 위치한 지구는 아주 특별한 학교란다. 3 대 7의 법칙에 따라 정확히 3번째 자리에 만들어진 거지."

리나는 궁금해졌어요.

"학교라고요? 여기서 무엇을 배우나요?"

"신들이 다시 인간이 되어 많은 것들을 배우는 곳이란다. 사랑하는 법, 이해하는 법, 성장하는 법… 이 모든 것을 배우는 특별한 교실이지."

리나는 마치 새로운 보물을 발견한 것처럼 눈을 반짝였어요. "와! 그럼 우리는 모두 이 특별한 학교의 학생이네요?"

"그렇단다. 우리 모두는 이 지구라는 학교에서 소중한 경험들을 쌓고 있는 거야."

 그날 밤, 리나는 지구를 새로운 시선으로 바라보게 되었어요. 이곳이 단순한 행성이 아니라, 우리 모두를 위한 특별한 배움의 장소라는 것을 알게 되었거든요.

 "할머니, 이제 알겠어요. 지구는 우리 모두의 특별한 학교였네요!"

 별의 할머니는 따뜻하게 미소 지었어요.

 "그래, 리나야. 그래서 우리가 여기서 겪는 모든 일들이 의미 있는 거란다. 이 모든 것이 우리를 성장시키는 소중한 수업이니까."

지구의 특별한 비밀

별이 총총한 어느 밤, 리나는 별의 할머니에게서 가장 놀라운 이야기를 듣게 되었어요.

"할머니, 지구는 어떻게 만들어진 것인가요?"

리나가 문득 궁금증을 느껴 물었어요. 별의 할머니는 깊은 숨을 내쉬며 아주 오래된 이야기를 들려주기 시작했어요.

"리나야, 아주 오래전 대우주에서는 슬픈 일이 있었단다. 신들이 서로를 존중하지 않고 무시하다가, 결국 우주가 탁해져서 큰 폭발이 일어났지. 그걸 빅뱅이라고 한단다."

리나의 눈이 동그래졌어요.

"맞아요, 그랬죠. 그 뒤에는 어떻게 됐나요?"

"하나님은 고민하셨지. '어떻게 하면 신들의 마음을 다시 맑고 깨끗하게 만들 수 있을까?' 하지만 신들은 직접 교육을 받을 수 없었단다. 그래서 아주 특별한 계획을 세우셨어."

"어떤 계획이었어요?" 리나가 궁금해 물었어요.

"바로 인간을 만드시고, 그들이 살 수 있는 특별한 장소를 만드시기로 한 거야. 그게 바로 우리의 지구란다. 하나님은 수많은 별들 중에서 이 지구를 가장 특별하게 만드셨지."

"와, 정말요? 그럼 다른 별에는 사람이 살 수 없나요?"

"그렇단다. 많은 사람들이 다른 은하에도 생명체가 살 거라고 생각하지만, 사실 인간이 살 수 있는 곳은 이 지구뿐이야. 하나님이 가장 많은 정성을 들여 만드신 특별한 학교 같은 곳이지."

리나는 잠시 생각에 잠겼다가 물었어요. "그럼 우리는 모두 특별한 목적이 있어서 이 지구에 온 거네요?"

"그렇단다." 할머니가 따뜻하게 미소 지었어요. "우리 모두는 서로를 이해하고 사랑하는 법을 배우기 위해 이곳에 왔지."

"아하!" 리나가 밝게 웃었어요. "그래서 우리가 서로 친절하고 배려하는 게 중요한 거군요!"

"그래, 리나야. 우리가 서로를 존중하고 사랑할 때, 우주도 더욱 맑고 깨끗해진단다. 그것이 바로 우리가 이 지구에서 살아가는 진정한 이유란다."

그날 밤, 리나는 집으로 돌아가며 생각했어요. '우리 모두는 특별한 목적을 가지고 이 지구에 왔구나. 그래서 서로를 더 사랑하고 이해하는 게 정말 중요한 거야!'

우주의 신비한 메시지

밤하늘이 유난히 밝은 날이었어요. 리나는 별의 할머니와 함께 유난히 반짝이는 별 하나를 바라보고 있었답니다.

"할머니, 사람들이 말하는 UFO와 외계인은 진짜인가요?"

리나가 문득 궁금해져서 물었어요.

별의 할머니는 신비로운 미소를 지으며 대답했어요.

"리나야, 그건 아주 재미있는 이야기란다. 사실 많은 사람들이 본 것은 신들이 우리에게 보내는 특별한 메시지였단다."

"메시지요? 어떤 메시지인가요?"

"신들은 때때로 우리에게 영적인 메시지를 보내 주신단다. 그런데 사람들은 그것을 정확히 이해하지 못해서 'UFO'나 '외계인'이라고 부르게 된 거야. 마치 먼 나라의 언어를 처음 들은 사람처럼, 자신들이 이해할 수 있는 방식으로 설명하려 했던 거지."

리나는 고개를 끄덕이며 밤하늘을 올려다보았어요.

"아, 그럼 저 반짝이는 별들 너머에서 온 메시지였던 거네요?"

"맞아요. 그리고 더 신비로운 것은 우리가 사는 이 우주란다." 할머니는 손을 크게 펼쳐 은하수를 가리켰어요. "보이는 이 모든 은하들은 마치 거대한 공장처럼 끊임없이 일하고 있단다."

"공장이요? 무엇을 만드는 공장인가요?"

"이 은하들은 물질을 만들어 내고, 변화시키고, 또 새롭게 태어나게 하는 일을 해. 때로는 별들이 만나서 더 큰 별이 되기도 하고, 때로는 헤어져서 새로운 별이 되기도 하지. 초신성이 되었다가, 블랙홀이 되었다가…. 끊임없이 변화하면서 우주의 물질을 만들어 내는 거란다."

리나의 눈이 호기심으로 반짝였어요.

"와, 그럼 우주는 정말 큰 과학 실험실이네요!"

"그렇지." 할머니가 웃으며 말했어요. "하지만 이건 단순한 실험실이 아니란다. 이 모든 변화에는 특별한 의미가 있지. 마치 우리의 삶처럼, 만남과 헤어짐, 변화와 성장이 모두 필요한 거야."

"그렇다면 우리가 밤하늘에서 보는 반짝이는 별들은 모두 이야기를 가지고 있는 거네요?"

"그래, 리나야. 우주의 모든 것은 서로 연결되어 있고, 각자의 역할이 있단다. 때로는 신비롭게 보이는 현상들도 모두 우주의 크고 작은 이야기들이지."

그날 밤, 리나는 새로운 시선으로 밤하늘을 바라보게 되었어요. 반짝이는 별들이 이제는 단순한 빛이 아니라, 우주가 들려주는 특별한 이야기처럼 느껴졌답니다.

"할머니, 이제 저는 매일 밤 우주의 이야기를 듣고 싶어요!"

별의 할머니는 따뜻하게 미소 지었어요.

"그래, 리나야. 우주는 언제나 우리에게 아름다운 이야기를 들려주고 있단다. 우리가 마음을 열고 귀 기울이기만 하면 되지."

특별한 행성, 지구

깊어 가는 밤, 리나와 별의 할머니가 오늘은 리나의 집에서 중요한 이야기를 나누고 있었어요.

"할머니, 지난번에 우주가 거대한 물질 공장이라고 하셨잖아요. 그 많은 물질들로 무엇을 만드는 거예요?"

별의 할머니는 지구본을 가리키며 미소 지었어요.

"바로 이 작고 특별한 행성, 지구를 만들기 위해서란다."

리나는 놀라서 눈을 크게 떴어요.

"정말요? 이 큰 우주가 우리 지구를 만들기 위해 일한다고요?"

"그렇단다. 지구는 크기는 작지만, 우주의 모든 에너지가 모여 있는 아주 특별한 곳이야. 마치 보석상자 안의 다이아몬드처럼, 작지만 가장 귀중한 보물이지."

"와, 그렇군요! 그런데 할머니, 지구는 어떻게 이렇게 완벽하게 만들어졌나요?"

"아주 신비로운 비밀이 있단다." 할머니가 설명을 이어 갔어요. "지구는 특별한 법칙으로 만들어졌어. 바로 3 대 7의 법칙이야. 땅이 30%, 바다가 70%, 정확하게 이 비율로 만들어진 거지."

리나는 지구본을 돌려 보며 물었어요.

"이렇게 완벽한 지구를 만드는 데 얼마나 걸렸나요?"

"무려 45억 년이나 걸렸단다. 우리 은하의 모든 별들이 힘을 합쳐 이 특별한 행성을 만들기 위해 오랜 시간 동안 열심히 일했지."

"45억 년이라니, 정말 긴 시간이네요!" 리나가 감탄했어요.

"그만큼 소중하고 특별한 곳이라는 뜻이야. 우주의 모든 별들이 수십억 년 동안 일해서 만든 가장 완벽한 선물이니까."

리나는 창밖으로 보이는 달과 별들을 바라보았어요.

"그럼 저 별들도 모두 우리 지구를 위해 반짝이고 있는 거예요?"

"그렇단다. 우주의 모든 것들이 서로 협력해서 이 특별한 지구를 지키고 있는 거야. 마치 정원사들이 소중한 정원을 가꾸듯이 말이야."

그날 밤, 리나는 침대에 누워 생각했어요. '우리가 사는 지구가 이렇게 특별한 곳이었다니! 우주의 모든 별들이 45억 년 동안 열심히 만든 소중한 선물이구나.'

"할머니." 리나가 조용히 말했어요. "이제 저는 지구를 더 소중히 여기고 싶어요. 우주가 이렇게 정성 들여 만든 특별한 선물이니까요."

별의 할머니는 따뜻하게 미소 지었어요.

"그래, 리나야. 그것이 바로 네가 오늘 배운 가장 중요한 교훈이란다."

하나님의 위대한 설계

별이 쏟아지는 밤, 리나는 오늘도 별의 할머니에게서 놀라운 이야기를 듣게 되었어요.

"할머니, 우주가 45억 년 동안 우리 은하와 태양계를 만들었다고 하셨죠? 그다음에는 어떤 일이 있었나요?"

할머니는 정원의 작은 꽃 한 송이를 가리키며 이야기를 시작했어요.

"우주의 모든 물질로 태양계를 만들고 남은 것들로 특별한 것을 만드셨단다. 바로 우리의 소중한 지구를."

"그리고요?" 리나의 눈이 호기심으로 반짝였어요.

"그다음이 정말 놀라운 일이었지." 할머니가 미소를 지으며 계속했어요. "하나님은 직접 30억 년이라는 긴 시간 동안 지구를 공사하셨단다. 마치 위대한 건축가처럼, 모든 것을 하나하나 정성스럽게 만드셨지."

리나는 주변을 둘러보았어요. 밤바람에 살랑이는 나뭇잎들, 달빛에 빛나는 작은 꽃들, 멀리서 들리는 귀뚜라미 소리까지.

"정말요? 이 모든 것을 하나님이 직접 만드신 거예요?"

"그렇단다." 할머니가 고개를 끄덕였어요. "저기 피어 있는 작은 꽃 한 송이도, 밤하늘을 나는 작은 반딧불이도, 모든 것이 정교한 설계도에 따라 만들어진 거야. 그냥 생긴 것은 하나도 없지."

리나는 잔디밭에 앉아 풀잎 하나를 유심히 바라보았어요. "와, 이 작은 풀잎 하나도 하나님이 계획하고 만드신 거군요!"

"맞아요. 하나님은 마치 세심한 예술가처럼 모든 생명체를 하나하나 설계하고 만드셨단다. 동물들의 모습도, 나무들의 키도, 꽃들의 색깔도 모두 특별한 이유가 있는 거지."

"그럼 할머니, 우리 집 정원에 피어 있는 민들레도요?"

"그래, 그 작은 민들레도 하나님의 위대한 설계도 안에 있는 거란다. 바람에 날리는 민들레 홀씨 하나하나까지도 모두 계획되어 있지."

리나는 감동에 젖어 말했어요.

"정말 대단해요! 이제 보니 모든 것이 다르게 보여요. 마치 하나님이 정성껏 그린 그림 속에서 살고 있는 것 같아요."

"그래서 우리가 사는 지구는 더욱 소중하단다." 할머니가 따뜻하게 말씀하셨어요. "모든 것이 완벽한 계획 아래 만들어진 특별한 선물이니까."

그날 밤, 리나는 집으로 돌아가는 길에 모든 것을 새롭게 보게 되었어요. 길가의 작은 풀잎 하나, 늦은 밤 우는 귀뚜라미 소리, 살랑이는 바람까지…. 모든 것이 하나님의 정성 어린 작품이었던 거예요.

"이제 알겠어요." 리나가 속삭였어요. "우리가 사는 세상은 하나님이 30억 년 동안 정성들여 만드신 특별한 정원이에요. 그래서 이렇게 아름답고 완벽한 거였네요!"

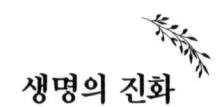

생명의 진화

별빛이 은은한 밤, 리나와 별의 할머니는 자연사 박물관 앞 벤치에 앉아 있었어요.

"할머니, 하나님이 30억 년 동안 지구를 만드신 다음에는 무슨 일이 있었나요?"

할머니는 박물관 창문을 통해 보이는 공룡 화석을 바라보며 말씀하셨어요. "그때부터 아주 특별한 시간이 시작됐단다. 바로 진화의 시대지."

"진화요? 그게 무슨 뜻이에요?"

"생명이 조금씩 변화하고 발전하는 거란다. 하나님은 바다 70%, 땅 30%로 지구를 완벽하게 만드신 후에, 이제는 그 안에서 생명이 자라고 발전할 수 있도록 하셨지."

리나는 박물관 벽에 그려진 생명 진화의 그림을 가리켰어요. "와, 처음에는 작은 생명체들이 바다에서 시작했네요!"

"그래." 할머니가 웃으며 말했어요. "그리고 아주 오랜 시간에 걸쳐 점점 더 다양한 생명체들이 나타났지. 물고기가 생기고, 육지에 식물이 자라고, 공룡도 살았단다."

"그럼 사람은 언제 나타났어요?"

"인간이 우리가 아는 모습으로 지구에 나타난 것은 약 250만 년 전이란다. 그때 처음으로 두 발로 똑바로 서서 걷는 호모 에렉투스가 등장했지."

리나의 눈이 호기심으로 반짝였어요. "그전에는 어땠나요?"

"그전까지 하나님은 오랜 시간 동안 모든 생명체를 조금씩 변화시키고 발전시켜 오셨어. 마치 정원사가 정성스럽게 나무를 키우듯이, 모든 생명이 차근차근 성장할 수 있도록 하신 거지."

"아하! 그래서 지금 우리가 보는 모든 동물과 식물들이 있는 거군요?"

"그렇단다. 하나님은 생명이 스스로 자라고 발전할 수 있는 특별한 능력을 주셨어. 그리고 마침내 인간이 태어났을 때, 이 특별한 지구에서 살아갈 준비가 된 거였지."

리나는 잠시 생각에 잠겼다가 말했어요.

"할머니, 그럼 우리는 정말 특별한 존재네요. 하나님이 이렇게 오랫동안 준비하신 끝에 나타났으니까요."

"맞아, 리나야. 그래서 우리는 이 소중한 지구와 모든 생명을 더욱 사랑하고 보살펴야 한단다. 우리 모두는 하나님의 오랜 시간 동안의 정성과 사랑으로 만들어진 거니까."

그날 밤, 리나는 창밖의 달을 보며 생각했어요. '우리가 이렇게 특별한 존재가 되기까지 얼마나 긴 시간이 흘렀을까? 하나님의 사랑이 얼마나 크셨으면….'

생명의 씨앗

맑은 가을 저녁, 리나는 별의 할머니와 함께 동물원을 거닐고 있었어요.

"할머니, 이렇게 많은 동물들은 어떻게 생겨난 걸까요?"

리나가 호기심 어린 목소리로 물었어요.

할머니는 천천히 걸으며 이야기를 시작하셨어요.

"모든 것은 바닷속 아주 작은 미생물에서 시작됐단다. 하나님은 그 작은 생명체들을 하나하나 진화시키셨지."

리나는 동물원의 여러 동물들을 가리키며 물었어요.

"우리가 좋아하는 치킨도, 귀여운 오리도, 말도요?"

"그렇단다. 강아지, 돼지, 멧돼지도 모두 오랜 시간에 걸쳐 만들어진 거야. 침팬지, 오랑우탄, 원숭이들도 마찬가지지."

"어떤 선생님이 사람은 원숭이에서 진화했다고 했는데, 정말인가요?"

할머니는 지혜로운 미소를 지으며 대답하셨어요.

"그건 조금 다르단다. 다윈이라는 과학자가 그렇게 생각했지만, 실제로는 모든 생명체는 각자 다른 특별한 씨앗을 가지고 있었단다."

"씨앗이요?"

"그래, 마치 정원에 있는 꽃들이 각자 다른 씨앗에서 피어나듯이, 모든 생명체도 자신만의 고유한 씨앗을 가지고 있었지. 원숭이는 원숭이의 씨앗으로, 인간은 인간의 씨앗으로 만들어진 거야."

리나는 생각에 잠겼다가 물었어요.

"아하! 그럼 서로 비슷해 보여도 다른 씨앗에서 자란 거군요?"

"맞았어, 리나야. 하나님은 각각의 생명체를 위해 특별한 씨앗을 만드셨고, 그것들을 하나하나 소중히 키우셨단다. 마치 정원사가 여러 종류의 꽃을 각각 다르게 가꾸는 것처럼 말이야."

리나는 동물원의 여러 동물들을 새로운 눈으로 바라보았어요.

"와, 그래서 이렇게 다양하고 특별한 동물들이 있는 거군요!"

"그렇단다." 할머니가 따뜻하게 말씀하셨어요. "각자가 가진 고유한 특별함, 그것이 바로 하나님이 우리에게 주신 선물이야."

그날 저녁, 집으로 돌아가는 길에 리나는 생각했어요. '우리 모두는 서로 다른 특별한 씨앗에서 자라난 거구나. 그래서 이렇게 다양하고 아름다운 생명들이 있는 거야!'

신비한 결합의 순간

또 다른 별이 빛나는 밤, 리나와 별의 할머니는 이야기를 나누고 있었어요.

"할머니, 지난번에 말씀하신 원소 에너지에 대해 더 자세히 알고 싶어요." 리나가 궁금한 듯 물었어요.

별의 할머니는 고개를 끄덕이며 말씀을 이어 가셨어요.

"모든 생명체가 자신만의 씨앗으로 자라나고 진화하는 동안, 하나님은 아주 특별한 준비를 하고 계셨단다."

"어떤 준비였나요?"

"하나님은 인간의 몸이 두 발로 설 수 있을 만큼 완성되기를 기다리고 계셨어. 그리고 그 순간이 왔을 때, 아주 특별한 실험을 시작하셨지."

리나의 눈이 호기심으로 반짝였어요. "실험이요?"

"그래, 바로 순수한 원소 에너지를 인간의 몸과 결합시키는 거였단다. 이 에너지는 한 번도 육신을 경험해 보지 못한 순수한 것이었어. 우리가 나중에 '영혼'이라고 부르게 된 그것의 원래 모습이지."

"아!" 리나가 이해한 듯 소리쳤어요. "그럼 그건 마치 처음으로 옷을 입는 것 같은 거네요?"

할머니가 미소를 지으며 말씀하셨어요. "그렇단다. 하지만 이건 그냥 옷을 입는 게 아니라, 완벽한 짝을 찾아 하나가 되는 거였지. 하나님은 각각의 원소 에너지가 가장 잘 어울리는 인간의 몸과 만나도록 신중하게 결합시키셨어."

"어떻게요?"

"마치 하늘에서 비가 내리듯, 순수한 원소 에너지들이 준비된 인간의 몸에 하나씩 내려앉았단다. 그렇게 처음으로 몸과 에너지가 만나 진정한 인간이 탄생하게 된 거야."

리나는 자신의 몸을 바라보며 생각에 잠겼어요.

"그럼 저도 그때 내려온 특별한 에너지를 가지고 있는 거네요?"

"그래." 할머니가 따뜻하게 대답하셨어요. "우리 모두는 그렇게 특별한 방법으로 완성된 거란다. 순수한 에너지가 처음으로 육신과 만나 우리가 된 거지."

그날 밤, 리나는 창밖의 별들을 보며 생각했어요. '우리는 정말 특별한 방법으로 태어났구나. 하나님이 이렇게 신중하게 준비하시고 만드신 거라니!'

마음 에너지의 탄생

리나는 할머니의 이야기에 더욱 깊이 빠져들었어요.

"할머니, 그럼 인간은 어떻게 지금의 모습이 된 거예요?" 리나가 물었어요.

할머니는 깊은 숨을 들이쉬고 말씀하셨어요. "리나야, 그건 아주 긴 여정이었단다. 하나님은 수많은 시도를 하셨지. 때로는 만족스럽지 않은 결과물은 포기하고 다시 시작하기도 하셨어."

리나의 눈이 커졌어요. "와, 정말 많은 노력을 하셨네요."

"그래." 할머니가 고개를 끄덕이셨어요. "그런데 하나님이 가장 중요하게 여긴 것이 있었단다. 바로 인간의 '마음 에너지'였지."

"마음 에너지요?" 리나가 궁금해했어요.

할머니는 부드럽게 미소 지으며 설명해 주셨어요. "그래, 사람들이 항상 말하는 '좋은 마음', '편안한 마음' 말이야. 하나님은 이 특별한 마음 에너지를 만들기 위해 엄청난 노력을 기울이셨단다."

리나는 잠시 생각에 잠겼어요.

"그런데 할머니, 그 마음 에너지는 어떻게 만들어진 거예요?"

"하나님은 계속해서 시도하고 또 시도하셨어." 할머니가 말씀하셨어요. "그러다 마침내 어느 날, 완벽한 마음 에너지가 만들어졌단다."

리나의 눈이 반짝였어요. "와, 정말 대단해요! 그래서 우리가 지금 이렇게 생각하고 느낄 수 있는 거군요."

할머니는 따뜻하게 리나를 안아 주셨어요. "그래, 리나야. 우리의 마음, 우리의 감정, 우리의 생각… 이 모든 것이 하나님의 끊임없는 노력과 사랑의 결과란다. 그래서 우리는 이 소중한 마음을 잘 돌보고, 서로를 사랑하며 살아가야 해."

리나는 이제 자신의 마음이 얼마나 특별하고 소중한지 깨달았어요. 그리고 앞으로 자신의 마음을 잘 돌보고, 다른 사람들의 마음도 소중히 여기기로 다짐했답니다.

6,006개의 마음 입자

달빛이 은은한 밤, 리나는 별의 할머니에게서 가장 놀라운 이야기를 듣게 되었어요.

"할머니, 우리의 마음은 어떻게 하나님과 연결될 수 있는 거예요?"

할머니는 밤하늘의 별들을 가리키며 설명을 시작했어요.

"그건 정말 신비로운 일이란다. 하나님은 인간의 마음에 특별한 것을 만드셨지. 바로 6,006개의 마음 입자야."

리나의 눈이 호기심으로 반짝였어요. "마음 입자요? 그게 뭐예요?"

"그건 마치 우주와 연결되는 특별한 다리 같은 거야. 하나님은 우리 마음속에 정확히 6,006개의 입자를 심어 주셨단다. 이 입자들은 마치 휴대폰의 어댑터처럼, 우리를 하나님과 대우주에 연결해 주는 역할을 한단다."

"와, 정말 신기해요! 그래서 우리가 생각도 하고 느낌도 가질 수 있는 거예요?"

"그렇단다. 이 특별한 마음 입자들이 완성되었을 때, 비로소 진정한 인간이 태어날 수 있었어. 그리고 인간은 지식을 쌓으며 점점 더 발전하게 되었지."

리나는 잠시 생각에 잠겼다가 물었어요.

"그럼 이 마음 입자들 덕분에 우리가 서로 사랑하고 가족도 만들 수 있는 거예요?"

"맞았어, 리나야. 이 마음 입자들이 있어서 우리는 인연을 맺을 수 있고, 가족이 될 수 있는 거란다. 그리고 서로를 이해하고 사랑할 수 있게 된 거지."

"하지만 할머니, 왜 이런 이야기를 아무도 몰랐던 거예요?"

할머니는 따뜻하게 미소 지으며 말했어요. "사람들이 글을 몰랐을 때는 이런 깊은 이야기를 이해하기 어려웠단다. 그래서 지금처럼 누군가가 설명해 주어야 했지. 마치 내가 너에게 이야기해 주는 것처럼 말이야."

그날 밤, 리나는 자신의 마음속에 있는 6,006개의 특별한 입자들을 상상해 보았어요. 그것들이 반짝이는 별처럼 빛나며 우주와 연결되어 있는 모습을….

"할머니, 이제 저는 제 마음이 얼마나 특별한지 알 것 같아요. 하나님이 이렇게 정교하게 만드신 거군요!"

"그래, 리나야. 그래서 우리는 이 소중한 마음을 잘 써야 한단다. 서로를 이해하고, 사랑하고, 도우며 살아가는 거야."

시간의 흐름 속 인간

달빛이 가득한 밤, 리나와 별의 할머니는 시간 여행을 하듯 인간의 역사 이야기를 나누고 있었어요.

"할머니, 인간은 어떻게 이렇게 발전하게 된 거예요?"

할머니는 깊은 숨을 내쉬며 이야기를 시작하셨어요.

"그건 아주 긴 여정이었단다. 250만 년 전, 처음 두 발로 걷기 시작했을 때부터 우리의 이야기는 시작됐지."

"정말 오래됐네요! 그동안 어떤 일들이 있었나요?"

"천천히, 하지만 꾸준히 발전해 왔단다. 처음에는 도구를 만들고, 불을 사용하는 법을 배웠지. 그러다가 점점 더 똑똑해지고, 더 많은 것을 알아 가게 되었어."

리나는 궁금한 듯 물었어요.

"그런데 할머니, 언제 가장 많이 변화했나요?"

"1920년대까지, 제2차 세계대전이 일어나기 전까지 인간은 전체 진화의 30%를 이루었단다. 그동안 인간의 수도 아주 많이 늘어났지."

"와, 그렇게 많이 발전했군요! 그럼 지금은요?"

할머니는 의미심장한 미소를 지으며 말씀하셨어요.

"2013년 이후로 우리는 '후천시대'라는 특별한 시기에 들어섰단다. 이제는 많은 사람들이 '인간이 무엇인가'에 대해 진지하게 묻고 있지."

"후천시대요? 그게 무슨 뜻이에요?"

"그건 인간이 자신의 진정한 모습을 찾아 가는 시대란다. 마치 아침이 밝아 오듯, 우리가 누구인지, 왜 이 세상에 왔는지 이해하기 시작하는 때지."

리나는 잠시 생각에 잠겼어요.

"그래서 사람들이 이런 이야기들을 더 알고 싶어 하는 거군요?"

"그렇단다." 할머니가 따뜻하게 대답하셨어요. "이제는 많은 사람들이 단순히 살아가는 것을 넘어서, 우리가 누구인지, 어디서 왔는지, 어떻게 이렇게 특별한 존재가 되었는지 알고 싶어 하지."

그날 밤, 리나는 창밖의 달을 보며 생각했어요. '우리는 정말 긴 여행을 해 왔구나. 그리고 지금은 더 큰 비밀을 알아 가는 특별한 시간이구나!'

"할머니, 저도 이제 조금씩 이해할 것 같아요. 우리가 이렇게 오랫동안 발전해 온 것도, 지금 이렇게 더 많이 알아 가려고 하는 것도 모두 의미가 있는 거죠?"

"그래, 리나야. 우리 모두는 이제 더 큰 깨달음을 향해 나아가고 있단다. 그리고 네가 이렇게 관심을 가지고 묻는 것도 그 여정의 한 부분이란다."

깨달음의 시간

별이 가득한 밤하늘 아래, 리나는 별의 할머니에게 궁금한 것을 물었어요.

"할머니, 사람들은 자신이 누구인지 항상 알고 있었나요?"

할머니는 지혜로운 미소를 지으며 고개를 저었어요. "아니란다. 놀랍게도 2013년이 되기 전까지, 250만 년이라는 긴 시간 동안 인간은 자신이 진정 누구인지 알지 못했어."

리나는 놀라서 눈을 크게 떴어요.

"어떻게 그럴 수 있죠? 그렇게 오랫동안요?"

"그건 아주 특별한 이유가 있단다." 할머니가 설명을 이어 갔어요. "그건 마치 씨앗이 자라나는 것과 같은 자연의 법칙이었지. 씨앗이 자신이 얼마나 큰 나무가 될지 미리 안다면, 어떻게 될까?"

리나는 잠시 생각해 보았어요.

"음…. 더 자라려고 노력하지 않을 것 같아요."

"맞았어! 바로 그거야." 할머니가 기쁘게 말씀하셨어요. "만약 사람들이 자신이 신적인 존재라는 것을 일찍 알았다면, 더 이상 성장하려 노력하지 않았을 거야. 마치 등산을 하는 사람이 산 정상이 어디 있는지 미리 안다면, 여러 길을 탐험하지 않는 것처럼 말이야."

"아하!" 리나가 이해한 듯 소리쳤어요. "그래서 우리가 열심히 배우고 성장할 수 있었던 거군요!"

"그렇단다. 자연의 법칙은 참 신비롭지? 우리가 성장하고 발전하는 동안에는 우리의 진정한 모습을 볼 수 없게 되어 있었어. 마치 나비가 되기 전의 애벌레처럼, 자신의 미래 모습을 모르는 채로 열심히 자라나야 했던 거지."

리나는 밤하늘의 별들을 바라보며 생각에 잠겼어요.

"그럼 지금은 다른가요?"

"그래." 할머니가 따뜻하게 말씀하셨어요. "이제는 자연의 이치를 이해할 수 있는 시대가 왔단다. 마치 긴 잠에서 깨어나는 것처럼, 우리가 누구인지 조금씩 알아 가게 된 거야."

그날 밤, 리나는 새로운 깨달음을 얻었어요. '우리가 오랫동안 우리 자신을 몰랐던 것도 다 이유가 있었구나. 그래야 더 열심히 배우고 성장할 수 있었던 거야!'

"할머니, 이제 저는 왜 우리가 이렇게 오랫동안 기다려야 했는지 알 것 같아요. 그동안 우리는 정말 열심히 자라 왔네요!"

별의 할머니는 따뜻한 미소로 답했어요. "그래, 리나야. 때로는 모르는 것이 더 큰 선물이 될 수 있단다. 그래야 우리가 진정으로 성장할 수 있으니까."

깨달음의 시대

별이 가득한 2025년의 어느 밤, 리나는 별의 할머니와 매우 특별한 이야기를 나누고 있었어요.

"할머니, 우리는 지금 어떤 시대를 살고 있는 거예요?"

할머니는 밝게 빛나는 달을 가리키며 말씀하셨어요. "우리는 지금 '후천시대'라는 매우 특별한 시기를 살고 있단다. 3 대 7의 법칙에 따라, 우리는 이미 70%의 여정을 지나왔고, 이제 마지막 30%가 남아 있지."

"그게 무슨 뜻이에요?" 리나가 궁금해했어요.

"긴 시간 동안 인간은 자신이 누구인지 모른 채 성장해 왔단다. 하지만 이제는 달라졌어. 우리에게는 멘토와 스승이 있고, 무엇보다 우리 자신을 이해할 수 있는 지혜가 생겼지."

리나는 자신의 손을 바라보았어요. "그럼 제가 보는 이 몸은 무엇인가요?"

"그건 마치 도구와 같은 거란다. 우리의 진정한 모습은 그 안에 있는 영혼이야. 영혼신이라고 부르는 이유는 우리가 오랫동안 이 육신을 입고 살면서 많은 경험을 했기 때문이지."

"아하!" 리나의 눈이 반짝였어요. "그럼 우리는 원래 깨끗한 영혼이

었는데, 이 세상에서 살면서 여러 경험을 하게 된 거군요?"

"정확히 맞았어, 리나야." 할머니가 미소 지었어요. "마치 깨끗한 거울이 시간이 지나면서 먼지가 쌓이는 것처럼, 우리의 영혼도 많은 경험을 하면서 조금씩 변화한 거야."

"그래서 지금은 우리가 누구인지 알 수 있게 된 거예요?"

"그렇단다. 이제는 우리가 단순한 육신이 아니라, 그 안에 신성한 영혼을 가진 존재라는 것을 알 수 있게 되었어. 마치 구름 사이로 달빛이 비치듯, 우리의 진정한 모습이 드러나기 시작한 거지."

그날 밤, 리나는 새로운 시각으로 자신을 바라보게 되었어요. '내 몸은 소중한 도구이고, 그 안에는 더 특별한 무언가가 있구나. 그동안 많은 경험을 하면서 조금씩 달라졌지만, 그것도 다 의미 있는 여정이었어!'

"할머니, 이제 조금은 이해할 것 같아요. 우리는 정말 특별한 시대를 살고 있네요!"

별의 할머니는 따뜻하게 미소 지으며 말씀하셨어요. "그래, 리나야. 이제 우리는 우리 자신의 진정한 모습을 알아 가는 소중한 시간을 보내고 있단다."

영혼의 여행

깊어 가는 밤, 리나는 별의 할머니에게 가장 깊은 이야기를 듣게 되었어요.

"할머니, 우리가 처음에는 어떤 모습이었나요?"

할머니는 밤하늘의 별들을 바라보며 이야기를 시작했어요.

"태초에 우리는 순수한 에너지였단다. 대우주에서 빛나는 원소 에너지, 비물질 에너지였지. 마치 저 반짝이는 별빛처럼 맑고 깨끗했어."

"그런데 어떻게 이렇게 되었나요?"

"오랜 시간 동안 인간의 몸을 입고 살면서, 우리의 영혼은 조금씩 흐려졌단다. 그래서 우리는 지구라는 특별한 학교에 오게 된 거야. 우리 영혼을 다시 맑고 깨끗하게 만들기 위한 특별한 학교지. 여기서 우리는 매우 중요한 공부를 해야 한단다."

"어떤 공부인가요?"

"바로 지식을 배우는 거야. 하지만 단순한 지식이 아니라, 우리의 영혼을 채우는 특별한 지식이지. 이 지식을 통해 우리는 다른 사람들을 이해하고 존중하는 법을 배우게 돼."

리나는 생각에 잠겼다가 물었어요. "그럼 그게 우리의 잘못을 씻는 방법인가요?"

"맞아." 할머니가 미소 지었어요. "우리가 진정한 지식을 배우면, 다른 사람들을 더 잘 이해하고 겸손하게 대할 수 있게 되지. 그럴 때마다 우리의 영혼은 조금씩 더 맑아지는 거란다."

"아!" 리나가 이해한 듯 소리쳤어요. "그래서 우리가 서로 친절하고 배려하는 게 중요한 거군요!"

"그렇단다. 우리가 다른 사람을 존중하고 겸손하게 대할 때마다, 우리 영혼의 먼지가 하나씩 닦여 나가는 거야. 마치 더러워진 거울을 하나하나 닦아 내는 것처럼…."

그날 밤, 리나는 집으로 돌아가는 길에 생각했어요. '이제 알겠어. 우리가 서로를 이해하고 존중하는 건, 우리 영혼을 맑게 하는 가장 좋은 방법이구나!'

"할머니, 이제 제가 해야 할 일을 알 것 같아요. 더 많이 배우고, 더 친절하게 대하고, 더 겸손해져야겠어요."

별의 할머니는 따뜻하게 웃으며 말씀하셨어요.

"그래, 리나야. 그것이 바로 우리가 이 지구에 온 진정한 이유란다."

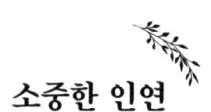

소중한 인연

달빛이 은은한 밤, 리나는 별의 할머니와 함께 공원 벤치에 앉아 있었어요. 주변에는 많은 사람들이 산책을 하고 있었죠.

"할머니, 우리는 왜 다른 사람들을 만나게 되는 걸까요?"

할머니는 지나가는 사람들을 바라보며 미소 지었어요.

"그건 아주 특별한 이유가 있단다. 우리의 영혼을 맑게 하기 위해서는 다른 사람들과의 만남이 꼭 필요하거든."

"정말요? 어떻게요?"

"마치 거울이 혼자서는 자신을 비출 수 없듯이, 우리도 혼자서는 성장할 수 없어. 다른 사람들과 만나고 부대끼면서 우리의 마음이 닦이는 거란다."

리나는 궁금해졌어요. "그럼 우리가 만나는 모든 사람들이 다 특별한 거예요?"

"그렇단다. 그중에서도 특히 '인연'이라는 게 있어. 대우주에서는 이것을 '연법'이라고 불렀는데, 우리가 인간이 되어 살면서는 '인연'이라고 부르게 된 거야."

"연법이랑 인연은 어떻게 다른가요?"

"연법은 우리가 대우주의 신들이었을 때 따르던 법이었고, 인연은 우리가 인간이 되어 서로 만나고 도우며 살아가는 특별한 관계를 말하는 거야. 마치 실이 서로 얽혀 아름다운 천을 만드는 것처럼, 우리도 서로 만나면서 더 아름다운 삶을 만들어 가는 거지."

리나는 주변의 사람들을 새롭게 바라보게 되었어요.

"아하! 그래서 우리가 서로 도와야 하는 거군요!"

"맞아. 우리는 서로를 통해 배우고 성장하면서, 함께 더 나은 사람이 되어 가는 거란다. 이것을 '상생'이라고 하지."

그날 저녁, 집으로 돌아가는 길에 리나는 지나가는 모든 사람들이 특별해 보였어요. 등교할 때 만나는 친구들, 이웃집 할머니, 심지어 길에서 스쳐 지나가는 사람들까지….

"할머니, 이제 알겠어요. 우리가 만나는 모든 사람들이 우리의 영혼을 맑게 하는 데 도움을 주는 거네요!"

별의 할머니는 따뜻하게 웃으며 말씀하셨어요.

"그래, 리나야. 그래서 우리는 만나는 모든 사람들을 소중히 여기고 감사해야 한단다. 그들 모두가 우리의 소중한 인연이니까."

마음의 만남

달이 밝은 밤, 리나는 별의 할머니에게 어른들의 만남에 대해 궁금한 것을 물었어요.

"할머니, 어른들은 어떻게 특별한 사람을 만나게 되나요?"

할머니는 따뜻한 미소를 지으며 이야기를 시작했어요. "그건 아주 신비로운 일이란다. 연법을 이해하면, 우리가 만나는 모든 인연이 얼마나 특별한지 알 수 있지."

"어떻게요?"

"예를 들어 볼까? 한 청년이 있었어. 매일 열심히 일하면서도 마음 한편이 조금 외로웠단다. 어느 날, 그 청년은 카페에서 아주 특별한 만남을 하게 되었지."

리나의 눈이 호기심으로 반짝였어요. "어떤 만남이었나요?"

"청년은 그곳에서 한 아름다운 여성을 보게 되었어. 그리고 용기를 내어 말을 걸었지. '실례지만, 커피 한잔 마시면서 이야기 나누면 좋겠어요.'라고."

"그래서요?"

"그 여성도 청년에게서 특별한 무언가를 느꼈단다. 둘은 함께 이야기를 나누기 시작했어. 처음에는 서로 모르는 사이였지만, 이야기를 나누면 나눌수록 마음이 따뜻해지는 걸 느꼈지."

"왜 그랬을까요?"

"그건 바로 마음이 통했기 때문이야. 청년이 자신의 이야기를 할 때, 여성은 진심으로 귀 기울여 들어 주었어. 때로는 말하는 것보다 듣는 것이 더 큰 위로가 될 수 있거든."

리나는 생각에 잠겼어요. "아, 그래서 두 사람 모두 행복했던 거군요?"

"그렇단다. 이것이 바로 인연의 신비로움이야. 우리는 때로 전혀 모르는 사람을 만나지만, 그 만남이 우리의 마음을 따뜻하게 하고 힘이 되어 주지."

"그럼 모든 만남이 다 이유가 있는 거예요?"

"그래, 리나야. 우리가 만나는 모든 사람들은 우리의 마음을 조금씩 채워 주는 특별한 선물 같은 존재란다. 때로는 위로가 되고, 때로는 힘이 되어 주지."

그날 밤, 리나는 생각했어요. '우리가 만나는 모든 사람들이 이렇게 특별한 의미가 있다니, 정말 신기해!'

마음의 울림

"할머니, 그다음엔 어떻게 되었나요?" 리나가 궁금해 물었어요.

별의 할머니는 따뜻한 미소를 지으며 이야기를 이어 갔어요. "그 둘은 매일 만나 이야기를 나누었단다. 서로의 이야기를 들어 주는 것이 얼마나 특별한 일인지 점점 더 깊이 느끼게 되었지."

"왜 서로의 이야기를 듣는 게 그렇게 특별했나요?"

"우리 모두의 마음속에는 누군가에게 들려주고 싶은 이야기들이 가득하단다. 하지만 진심으로 귀 기울여 들어 주는 사람을 만나기는 쉽지 않아. 이 두 사람은 서로에게서 그런 특별한 믿음을 발견했지."

리나는 생각에 잠겼어요. "아, 그래서 계속 만나고 싶어졌던 거군요?"

"맞아. 100일이 지나는 동안, 그들은 서로의 이야기를 나누고 또 나누었어. 슬픈 이야기, 기쁜 이야기, 때로는 아주 사소한 일상의 이야기까지…. 그렇게 서로의 마음이 조금씩 가까워졌단다."

"그리고요?"

"어느 날, 그들의 입에서 자연스럽게 '사랑한다'는 말이 나왔어. 신기하게도 그들은 정확히 무엇을 사랑하는지 말로 설명할 수 없었지만, 서로를 이해하고 존중하는 그 시간들이 얼마나 소중했는지는 분명히 알 수 있었단다."

리나의 눈이 반짝였어요. "와, 정말 마법 같아요!"

"그래." 할머니가 따뜻하게 말씀하셨어요. "진정한 마음의 울림은 그렇게 시작되는 거야. 서로의 이야기에 귀 기울이고, 서로를 이해하려 노력하다 보면, 어느새 특별한 감정이 피어나는 거지."

그날 밤, 리나는 별들에게 속삭였어요. "이제 알겠어요. 진정한 사랑은 화려한 말이나 멋진 행동이 아니라, 서로의 마음을 진심으로 이해하고 들어 주는 것에서 시작되는 거군요!"

2장
『마음을 열어 주는 황금률』

인연의 의미

　두 사람이 처음 만나 서로의 이야기를 나누기 시작할 때, 그것은 평범한 대화처럼 보일 수 있습니다. 하지만 상대방이 자신의 말을 진심으로 경청해 줄 때, 우리는 특별한 감동을 느끼게 됩니다. "아무도 내 말을 들어 주지 않았는데, 저 사람은 내 이야기를 이렇게나 잘 들어 주는구나…." 이런 깨달음은 관계의 시작점이 됩니다.
　그렇게 100일이라는 시간이 흐르는 동안, 두 사람은 서로에게 마음을 쏟아 냅니다. 하고 싶은 말을 마음껏 나누고, 그 말에 진심으로 귀 기울여 주는 과정이 반복됩니다. 이런 깊은 소통이 이어질 때, 자연스럽게 '사랑한다'는 말이 피어나게 됩니다.
　이러한 만남은 단순한 우연이 아닌, 하늘이 정한 인연법이라고도 볼 수 있습니다. 서로를 통해 영혼이 맑아지고, 각자가 가진 내면의 무게가 가벼워지도록 하늘이 준비한 특별한 만남인 것입니다. 이렇게 만난 두 사람이 결혼하여 가정을 이루고 자녀를 낳아 기른다면, 그들의 삶은 더욱 의미 있게 채워질 것입니다.
　결혼은 단순한 감정의 결과가 아닙니다. 그것은 서로가 깊이 소통하고 이해하는 과정에서 자연스럽게 도달하게 되는 사랑의 결실입니다. 처음에는 서로의 말에 귀 기울여 주는 것이 좋아서 시작된 관계가, 점차 깊어지면서 진정한 사랑으로 발전하게 되는 것입니다.

 이것이 바로 하늘이 우리에게 가르쳐 주고자 하는 인연의 의미일 것입니다. 진정한 소통이 만들어 내는 사랑의 깊이와, 그것이 우리의 영혼을 얼마나 맑고 가볍게 만들어 주는지를 깨닫게 해 주는 소중한 과정인 것입니다.

결혼은 두 사람의 영적 성장을 위한 여정의 시작

하늘이 두 사람을 인연으로 맺어 준 것에는 깊은 뜻이 담겨 있습니다. 그것은 단순히 두 사람을 만나게 하는 것을 넘어, 삶의 중요한 진리를 가르쳐 주기 위한 것입니다. 결혼 생활에서의 소통, 자녀 양육, 그리고 타인과의 관계에 이르기까지, 우리의 영혼을 정화하고 죄업을 소멸시키는 방법을 하늘은 이 만남을 통해 조용히 알려 주고 있었던 것입니다.

이러한 깊은 의미는 오랫동안 누구도 제대로 설명하지 못했던 진리입니다. 그래서 두 사람이 결혼식을 올릴 때, 그것은 단순한 결합의 의식을 넘어 특별한 의미를 가집니다. 아름다운 호텔에서 축하객들과 함께하는 결혼식은 단순한 축하의 자리가 아닙니다. 그곳에 모인 모든 이들이 "행복하게 살아라", "좋은 부모가 되어라"라고 축복할 때, 그것은 이 깊은 인연의 의미가 완성되어 가는 순간인 것입니다.

이처럼 결혼은 두 사람의 영적 성장을 위한 여정의 시작점이 됩니다. 서로를 이해하고, 자녀를 키우며, 주변 사람들과 관계를 맺어 가는 모든 과정이 우리의 영혼을 더욱 맑고 깨끗하게 만드는 소중한 기회가 되는 것입니다. 이것이 바로 하늘이 두 사람의 인연을 통해 우리에게 가르치고자 했던 가장 큰 진리일 것입니다.

달콤한 약속과 현실의 시작

결혼식장, 주례자의 목소리가 울려 퍼집니다. "검은 머리가 파뿌리 되도록 서로 영원히 변치 않을 것을 약속하겠습니까?" 두 사람의 대답은 주저 없이 "예"로 이어집니다. 서로가 너무나 잘 맞고 완벽해 보이는 그 순간, 영원한 사랑을 약속하는 것은 너무나 자연스러워 보입니다.

하객들의 축하 속에 시작된 신혼여행. 결혼 전까지 모든 것이 완벽했습니다. 서로의 말 한마디에 웃음이 피어나고, 모든 순간이 달콤했습니다. 하지만 현실의 아침이 찾아옵니다. 아침 식사를 위해 나선 둘은 각자 다른 음식을 먹고 싶어 합니다. 이것은 작은 시작입니다.

이처럼 결혼은 달콤한 약속으로 시작되지만, 실제 삶은 그리 단순하지 않습니다. 서로 다른 취향, 서로 다른 생각, 이전에는 보이지 않았던 차이점들이 하나둘 드러나기 시작합니다. 이는 실망스러운 일이 아닙니다. 오히려 이것이 바로 하나님이 설계하신 영혼 정화의 시작입니다.

사소한 차이에서 시작되는 이 과정들은 우리가 진정한 이해와 배려를 배우는 첫걸음이 됩니다. 완벽해 보였던 두 사람 사이에 존재하는 작은 차이들은, 서로를 더 깊이 이해하고 성장할 수 있는 소중한 기회인 것입니다.

주례자의 말씀은 단순한 의식이 아니었습니다. 그것은 앞으로 펼쳐질 긴 여정에 대한 예언이자, 서로의 차이를 인정하고 받아들이며 함께 성장해 나가야 할 길의 시작을 알리는 신호였습니다.

숨겨진 자아의 출현

연애 시절의 달콤함이 사라지고, 새로운 현실이 모습을 드러냅니다. 서로를 위해 모든 것을 양보하고 맞춰 주던 두 사람 사이에서, 갑자기 '나'라는 존재가 강하게 부각되기 시작합니다. 이는 마치 오랫동안 잠자고 있던 화산이 깨어나는 것과 같습니다.

연애할 때는 상대방의 모든 것이 완벽해 보였습니다. "당신이 좋아하는 것이 나도 좋아요"라는 말이 자연스럽게 나왔고, 자신의 욕구나 주장은 사랑이라는 달콤한 감정 속에 감춰져 있었습니다. 하지만 결혼이라는 새로운 단계에 들어서면서, 숨겨져 있던 각자의 본성이 서서히 드러나기 시작합니다.

이제 '나'라는 존재가 전면에 등장합니다. 상대방을 배려하고 존중하던 마음은 어디론가 사라지고, 자신의 주장만이 옳다고 믿게 됩니다. "내 말이 맞아"라는 확신이 대화의 중심을 차지하면서, 서로를 이해하고 배려하던 따뜻한 마음은 어느새 차가운 주장과 대립으로 변해 갑니다.

결혼 생활이 얼마 지나지 않아, 두 사람은 놀라운 사실을 발견하게 됩니다. 연애 시절에는 그토록 잘 통하던 대화가 이제는 마치 서로 다른 언어를 사용하는 것처럼 어려워진 것입니다. 이해의 벽이 생기고, 소통의 단절이 시작되면서 예상치 못한 갈등들이 하나둘 고개를 듭니다.

이러한 변화는 단순한 불행이나 실수가 아닙니다. 이것은 우리가 진정한 자아를 마주하고, 더 깊은 이해와 성장을 향해 나아가야 할 때가 왔음을 알리는 신호인 것입니다. 겉으로는 혼란스럽고 힘든 시기처럼 보이지만, 실은 영혼의 정화와 성장을 위한 필수적인 과정의 시작입니다.

이러한 상황은 우리에게 중요한 깨달음을 줍니다. 결혼 후에도 연애 시절의 그 배려와 존중의 마음을 잃지 않는 것, 그것이 바로 건강한 부부 관계를 유지하는 핵심이라는 것을 말입니다.

신혼의 소중한 순간과 미래의 인연

　신혼여행은 단순한 휴가가 아닌, 새로운 생명의 인연이 맺어지는 신성한 시간입니다. 이때 부부가 나누는 사랑은 '허니문 베이비'라는 새 생명으로 이어질 수 있습니다. 하지만 이는 단순한 육체적 결합 이상의 깊은 의미를 지닙니다.

　신혼 첫날밤, 이불 속에서 나누는 대화들은 특별한 의미를 가집니다. 두 사람이 나누는 꿈과 이상, 미래에 대한 계획, 그리고 서로를 향한 약속들…. 이 모든 순간들이 앞으로 그들에게 인연이 될 자녀의 영혼을 결정짓는 중요한 요소가 되는 것입니다.

　부부가 나누는 대화 속에는 그들의 가치관과 삶의 철학이 담겨 있습니다. "우리는 어떤 부모가 될까?" "어떤 가정을 만들어 갈까?" "어떤 가치를 소중히 여기며 살아갈까?" 이런 대화들이 모여 미래에 태어날 아이의 영적 토대를 형성하게 됩니다.

　이처럼 부부의 모든 행동과 대화, 서로를 향한 마음가짐은 단순한 현재의 순간을 넘어, 새로운 생명과의 인연을 맺는 신성한 과정의 일부가 됩니다. 그들이 나누는 사랑과 이상, 꿈과 희망이 모여 새로운 영혼을 이 세상으로 초대하는 것입니다.

부모와 자녀의 신비로운 연결

삶의 모든 것이 진동과 주파수로 이루어져 있듯, 영혼의 연결도 특별한 주파수의 법칙을 따릅니다. 신혼부부가 나누는 대화와 감정, 행동의 패턴은 마치 라디오의 주파수처럼 특정한 진동을 만들어 냅니다. 이 진동은 그들에게 올 자녀의 영혼을 결정짓는 중요한 신호가 됩니다.

만약 부부가 서로를 이해하고 배려하며 조화로운 대화를 나눈다면, 그와 비슷한 평화로운 영혼이 그들의 자녀로 올 것입니다. 하지만 반대로, 자신의 주장만을 내세우고 짜증과 분노를 자주 표출한다면, 그와 유사한 성향의 영혼이 그들에게 인연으로 맺어집니다. 이것이 바로 우주의 공명 법칙입니다.

부모와 자녀 사이의 연결은 결코 우연이 아닙니다. 서로의 주파수가 정확히 일치하지 않으면, 그 영혼은 결코 그 가정에 자녀로 올 수 없습니다. 마치 라디오가 정확한 주파수에 맞춰져야 원하는 방송을 들을 수 있듯이, 부모의 영적 상태와 일치하는 영혼만이 그들의 자녀로 태어날 수 있는 것입니다.

이것이 바로 부부간의 대화와 소통이 그토록 중요한 이유입니다. 그들이 나누는 모든 말과 행동, 감정은 단순한 일상의 한 순간이 아니라, 미래에 그들과 인연을 맺을 영혼을 결정짓는 중요한 요소가 됩니다. 따라서 부부는 서로를 향한 존중과 이해, 사랑과 배려를 바탕으로 한 건강한 소통을 이어 가야 합니다.

 이는 우리에게 큰 책임감을 요구합니다. 우리의 모든 언행이 미래의 자녀와 직접적으로 연결되어 있다는 것을 이해한다면, 우리는 더욱 신중하게 행동하고 말해야 할 것입니다. 이것이 바로 하나님이 우리에게 가르치고자 하는 인연법의 깊은 의미인 것입니다.

생명의 잉태와 영적 성장 과정

　신혼의 달콤함이 일상의 현실로 바뀌면서, 부부는 때로 예전과 같은 설렘을 느끼지 못하게 됩니다. 그러다 문득 찾아온 새 생명의 징후, 이른바 '허니문 베이비'의 소식은 그들의 삶에 새로운 의미를 부여합니다. 하지만 이 시기에 일어나는 생명의 탄생 과정은 단순한 육체적 현상을 넘어선 신성한 의미를 지닙니다.

　태중에 있는 아기는 아직 완전한 인간의 형태를 갖추지 않은 상태입니다. 이때의 생명은 순수한 자연의 물질 에너지, 바로 하나님의 에너지를 양분 삼아 성장합니다. 이는 매우 특별한 의미를 지닙니다. 왜냐하면 이 시기의 태아는 아직 순수한 신성의 상태, 즉 하나님의 에너지 그 자체이기 때문입니다.

　이것이 바로 모든 생명이 하나님의 자녀라고 이야기하는 깊은 이유입니다. 태중의 아기는 순수한 하나님의 에너지로 이루어져 있으며, 그 자체로 신성한 존재입니다. 이는 우리가 흔히 알고 있는 육체적인 성장 과정을 넘어선, 영적이고 근원적인 생명의 진리를 보여 줍니다.

　이러한 관점에서 볼 때, 임신 기간은 단순한 육체적 성장의 시기가 아닌, 순수한 신성의 에너지가 점차 인간의 형태를 갖추어 가는 신비로운 과정이라고 할 수 있습니다. 이는 생명의 근원적 의미와 우리 존재의 신성한 본질을 깊이 이해하게 해 주는 소중한 진리입니다.

생명의 성장과 여성의 신성한 역할

태중의 아기는 순수한 자연의 에너지로 성장합니다. 어머니가 먹는 모든 음식—달콤한 사과, 영양가 높은 바나나, 단백질이 풍부한 갈비 등—은 단순한 음식물이 아닌 생명을 키우는 신성한 에너지가 됩니다. 이 모든 물질 에너지는 태아의 성장을 위한 하나님의 선물이라 할 수 있습니다.

여성의 몸에 자궁이 있는 것은 매우 특별한 의미를 지닙니다. 이는 하나님을 대신하여 새 생명을 키워 내는 신성한 그릇이기 때문입니다. 여성의 생리 주기와 자궁의 존재는 바로 이러한 창조적 역할을 위해 주어진 것입니다. 흔히 남성은 씨를 뿌리고 여성은 밭의 역할을 한다고 비유하는 것도 이러한 맥락에서입니다.

임신 기간 동안 태아는 계속해서 하나님의 물질 에너지를 양분 삼아 성장합니다. 이는 매우 중요한 진리를 보여 줍니다. 즉, 태중의 아이는 우리의 육신을 빌려 태어나지만, 본질적으로는 하나님의 에너지로 만들어진 자연의 생명체라는 것입니다. 이것이 바로 "내 자식이 아니라 자연의 물질 세포"라고 하는 깊은 의미입니다.

이러한 관점은 우리에게 중요한 깨달음을 줍니다. 부모는 자녀의 소유자가 아닌, 하나님의 생명을 키워 내는 소중한 매개체라는 것입니다. 이는 부모 됨의 의미를 더욱 겸손하고 경외롭게 바라보게 해 주는 진리입니다.

생명의 진정한 본질

임신 기간 동안 부모는 최선을 다해 좋은 음식을 찾아 먹고, 태아의 건강한 성장을 위해 노력합니다. 하지만 이 과정에서 우리가 깨달아야 할 중요한 진실이 있습니다. 태아의 성장에 필요한 모든 영양분, 모든 에너지는 결국 하나님의 물질 에너지라는 것입니다.

우리가 아무리 정성껏 음식을 골라 먹고, 태아의 성장을 위해 노력한다 해도, 실제로 태아를 성장시키는 것은 하나님의 순수한 물질 에너지입니다. 이는 현대를 살아가는 모든 부모들이 직면해야 할 중요한 진실입니다. 우리가 '내 자식'이라고 부르는 이 생명은 사실 하나님의 자녀인 것입니다.

왜 하나님의 자녀라고 말하는 것일까요? 그것은 태아가 성장하는 전 과정이 오직 하나님의 물질 에너지로만 이루어지기 때문입니다. 우리의 몸 안에서 하나의 완벽한 인간 육신이 만들어지는 과정은, 순전히 하나님의 에너지로 이루어진 신비로운 창조의 과정인 것입니다.

이는 마치 도예가가 흙으로 도자기를 만드는 것과 같습니다. 흙은 하나님의 것이며, 우리는 단지 그 흙이 형태를 갖출 수 있도록 돕는 역할을 할 뿐입니다. 태아의 육신도 마찬가지입니다. 그것은 하나님의 물질 에너지로 빚어진 완벽한 창조물이며, 우리는 그저 이 신비로운 과정을 돕는 특별한 도구로 선택된 것입니다.

  이러한 깨달음은 우리에게 큰 겸손함을 가르칩니다. 우리가 자녀의 진정한 소유자가 아니라, 하나님의 위대한 창조 과정에 참여하도록 허락받은 축복의 존재라는 것을 알게 되는 것입니다.

신비로운 결합의 순간

생명의 탄생에는 정교한 시간표가 존재합니다. 임신 100일이 되는 순간, 차원계에서 특별한 움직임이 시작됩니다. 101일째, 인연법에 따라 선택된 영혼신이 긴 여정을 시작하는 것입니다. 이는 단순한 우연이 아닌, 정확히 계산된 신성한 여정의 시작입니다.

이 영혼신은 다양한 차원과 환경을 거치며 천천히 지상으로 내려옵니다. 임신 7개월이 되는 시점에 마침내 목적지에 도착합니다. 이것이 바로 태아의 육신과 영혼이 처음으로 만나는 순간입니다. 하나님의 물질 에너지로 만들어진 완벽한 육신과, 그것을 채울 영혼이 조우하는 신비로운 시점인 것입니다.

탄생의 순간, 갓 태어난 아기는 처음에는 울음을 터뜨리지 않습니다. 그저 조용히 이 세상에 나오기만 할 뿐입니다. 하지만 잠시 후, 영혼신이 정확한 시간에 맞춰 그 육신과 결합하는 순간이 옵니다. 마치 퍼즐 조각이 딱 맞아떨어지듯, 영혼과 육신의 주파수가 정확히 일치하는 그 순간, 아기는 비로소 첫울음을 터뜨립니다.

이것이 바로 새로운 인생의 시작입니다. 영혼신은 자신과 완벽히 주파수가 일치하는 육신을 만나 그곳에 깃들게 되고, 이제 자신만의 독특한 인생 여정을 시작하게 되는 것입니다. 이는 마치 오랫동안 준비된 무대에 주인공이 등장하는 것과도 같습니다.

 이처럼 생명의 탄생은 단순한 생물학적 사건이 아닌, 영혼과 육신의 신비로운 결합이라는 거대한 우주의 드라마인 것입니다. 그리고 이 모든 과정은 하나님의 완벽한 설계 아래 이루어지는 신성한 의식인 것입니다.

첫울음의 비밀

 신생아의 첫울음은 단순한 생리적 반응이 아닙니다. 그것은 강력한 비물질 에너지인 영혼이 물질로 이루어진 연약한 육신에 들어가는 격렬한 순간의 표현입니다. 이는 마치 거대한 빛이 작은 그릇에 담기려 할 때 일어나는 격렬한 진동과도 같습니다.

 영혼신은 엄청난 에너지를 지닌 존재입니다. 이 강력한 비물질 에너지가 갓 태어난 연약한 육신에 들어가는 순간, 격렬한 충돌이 일어납니다. 영혼은 인간이 되기 위해 전력을 다해 육신 속으로 들어가려 하고, 연약한 육신은 이 강력한 에너지를 감당하기 힘들어 저항합니다.

 이것이 바로 신생아가 입천장이 새파랗게 될 정도로 격렬하게 우는 이유입니다. 과학자들과 의사들이 놀라워하는 이 놀라운 힘은 어디서 오는 것일까요? 그토록 작고 연약해 보이는 신생아가 어떻게 그렇게 강력한 울음을 낼 수 있는 것일까요? 그것은 바로 첫울음이 강력한 영혼신의 에너지가 육신과 결합하는 순간의 표현이기 때문입니다.

 이는 현대 의학이 아직 설명하지 못하는 신비로운 현상입니다. 단순한 동물적 육신만으로는 결코 낼 수 없는 이 강력한 울음소리는, 영혼과 육신이 하나가 되는 순간의 격렬한 에너지 충돌을 보여 주는 증거입니다.

이처럼 인간의 탄생은 단순한 생물학적 과정이 아닙니다. 그것은 물질과 비물질, 육신과 영혼이 만나 하나가 되는 우주적 차원의 경이로운 사건인 것입니다. 현대 과학은 이제 이러한 현상을 더 깊이 연구하고 이해할 필요가 있습니다.

6,006혈의 신비로운 도킹

신생아의 격렬한 울음은 우주적 차원의 드라마의 절정입니다. 작은 육신이 어른보다도 더 큰 소리로 울부짖는 이 놀라운 현상은, 강력한 영혼신이 인간이 되기 위해 몸부림치는 과정의 표현입니다. 거대한 에너지가 작은 그릇에 담기려 할 때 일어나는 격렬한 저항이며, 육신이 그 강력한 에너지를 감당하지 못해 내지르는 절규인 것입니다.

그러나 이 격렬한 순간은 오래 지속되지 않습니다. 영혼신이 6,006개의 혈과 완벽하게 도킹되는 순간, 갑자기 모든 것이 고요해집니다. 마치 폭풍우 치던 바다가 순식간에 잔잔해지듯, 아기의 울음은 멈추고 평화로운 고요함이 찾아옵니다.

이제 아기는 편안한 상태가 됩니다. 입술을 작게 움직이며 '옹알옹알' 소리를 내는 이 순간, 이것이 바로 진정한 인간 탄생의 순간입니다. 영혼과 육신이 완벽하게 하나가 되어 새로운 생명이 시작되는 경이로운 순간인 것입니다.

6,006개의 혈은 단순한 신체의 경혈점이 아닙니다. 이는 영혼이 육신과 소통하는 신비로운 접점이며, 하나님의 에너지가 흐르는 성스러운 통로입니다. 이 모든 접점이 완벽하게 연결되었을 때, 비로소 진정한 인간이 탄생하는 것입니다.

이처럼 인간의 탄생은 단순한 생물학적 과정을 넘어선 우주적 차원의 경이로운 사건입니다. 그것은 물질과 비물질의 완벽한 결합이며, 하나님의 창조 과정이 완성되는 신성한 순간인 것입니다.

영혼과 육신의 결합이 만들어 내는 아름다운 변화

아기가 태어나는 순간, 처음에는 주름지고 불완전해 보이는 모습입니다. 하지만 영혼이 육신과 결합하는 순간, 놀라운 변화가 일어나기 시작합니다. 작은 얼굴에서 신비로운 빛이 나기 시작하고, 불완전해 보였던 모습들이 하나둘 아름답게 자리를 잡아 갑니다.

이는 비물질 에너지인 영혼이 6,006혈을 통해 완벽하게 자리 잡으면서 일어나는 신비로운 변화입니다. 마치 쭈글쭈글했던 꽃봉오리가 활짝 피어나듯, 영혼이 들어온 육신은 점차 생기 있고 아름다운 모습으로 변화해 갑니다.

영혼이 들어오기 전의 육신은 마치 생명력 없는 껍데기와 같습니다. 하지만 강력한 영적 에너지가 들어오는 순간, 그 껍데기는 마치 꽃이 피어나듯 아름답게 펼쳐지기 시작합니다. 이때 아기는 해롱해롱 웃으며, 그 얼굴에서는 신비로운 빛이 감돕니다.

이것이 바로 진정한 인간 탄생의 완성입니다. 단순한 육신이 영혼과 하나가 되어 완전한 생명체로 거듭나는 경이로운 순간인 것입니다. 이는 생명 탄생의 진정한 의미와 아름다움을 보여 주는 신성한 과정이라 할 수 있습니다.

영혼의 압축과 인간 탄생의 신비

　우주의 영혼은 본래 엄청난 확장성을 지닌 존재입니다. 그 크기는 일반적인 크기의 1,000배에 달하며, 30%의 순수한 영적 에너지를 지니고 있습니다. 이렇게 거대한 영혼이 작은 인간의 육신에 들어오기 위해서는 놀라운 변화가 필요합니다.

　이 과정은 마치 거대한 우주를 작은 점으로 압축하는 것과 같습니다. 영혼은 자신의 크기를 1,000분의 1로 압축해야만 인간의 육신에 들어올 수 있습니다. 이러한 극적인 압축 과정을 거쳐 영혼이 육신과 결합할 때, 놀라운 변화가 일어납니다.

　쪼그라들었던 육신이 마치 꽃이 피어나듯 펴지기 시작하는 것입니다. 이는 단순한 물리적 변화가 아닌, 압축된 영혼의 에너지가 육신 전체에 퍼지면서 일어나는 생명의 기적입니다. 이렇게 영혼과 육신이 완벽하게 하나가 될 때, 비로소 진정한 의미의 인간이 탄생하는 것입니다.

　이러한 탄생의 신비를 이해하지 못한다면, 우리는 인간의 본질을 제대로 이해할 수 없습니다. 특히 부모로서 자신의 자녀가 어떤 존재인지, 어떤 과정을 거쳐 이 세상에 왔는지 알지 못한다면, 그 생명의 진정한 가치와 의미를 깨닫기 어려울 것입니다.

진정한 부모와 자녀의 관계: 영원한 진리의 발견

인간 생명의 본질에 대한 더 깊은 진실이 드러납니다. 임신 중인 어머니가 먹는 모든 영양분, 즉 달콤한 과일, 부드러운 바나나, 모든 음식들은 하나님의 물질 에너지입니다. 따라서 태아의 육신은 하나님의 물질로 만들어진 하나님의 자녀인 것입니다.

그렇다면 나중에 들어오는 영혼은 어떠한가요? 인연법으로 우리와 만나 우리의 자녀가 된 것처럼 보이지만, 이 역시 더 깊은 진실이 있습니다. 대우주의 근원으로 거슬러 올라가면, 모든 영혼은 순수한 원소 에너지의 형태였습니다.

이는 마치 대양의 물방울과 같습니다. 각각의 물방울은 서로 다른 모습으로 존재하지만, 그 본질은 모두 같은 바다의 물인 것처럼, 모든 영혼의 근원은 하나인 것입니다. 우리가 '내 자식'이라고 부르는 존재는 사실 우주의 순수한 에너지가 잠시 우리와 인연을 맺어 함께하는 것입니다.

이러한 깨달음은 우리에게 새로운 시각을 제시합니다. 부모와 자녀의 관계는 소유가 아닌 인연이며, 영원한 에너지의 순환 속에서 맺어진 특별한 만남인 것입니다. 우리는 단지 이 거대한 우주의 흐름 속에서 서로를 만나 함께 성장하는 동반자일 뿐입니다.

이것이 바로 우리에게 전하고자 하는 깊은 진리입니다. 모든 존재는 그 근원에서 하나이며, 우리가 경험하는 부모자식의 관계는 영원한 에너지의 흐름 속 한순간의 특별한 만남인 것입니다.

신성한 존재의 본질에 대한 깊은 성찰

광활한 대우주를 스스로 운영하던 최고의 신들이 우리의 자녀로 태어난다는 것은 참으로 깊은 의미를 지닙니다. 겉으로 보기에는 우리를 닮은 모습으로, 우리의 유전자를 물려받은 '내 자식'처럼 보입니다. 하지만 그 본질을 들여다보면 매우 다른 진실이 드러납니다.

많은 부모들이 이 점에서 혼란을 느낍니다. "분명히 내가 낳은 자식인데…." "얼굴도 닮았고, 특징도 닮았는데…." "어떻게 내 자식이 아닐 수 있지?"

현대 과학이나 의학으로는 아직 이 깊은 진실을 완전히 설명하지 못하고 있습니다. 그래서 자연의 법칙을 통해 이를 설명합니다. 육신은 하나님의 에너지로 만들어졌고, 그 안에 깃든 영혼은 대우주의 신적 존재라는 것입니다.

이는 마치 정원사와 꽃의 관계와도 같습니다. 정원사는 꽃을 심고 가꾸지만, 그 꽃의 생명력은 자연으로부터 오는 것입니다. 마찬가지로 부모는 자녀의 육신을 낳고 키우지만, 그들의 본질은 우주적 존재인 것입니다.

이러한 깊은 진리를 이해할 때, 우리는 자녀를 너욱 경외하고 존중하게 됩니다. 그들은 단순한 '내 소유'가 아닌, 우주의 신성한 존재이며, 우리는 그들의 영적 성장을 돕는 동반자인 것입니다.

생명의 진정한 본질

한 아이가 세상에 태어나는 과정을 깊이 이해하면, 우리는 놀라운 진리를 발견하게 됩니다. 그 육신은 하나님의 물질 에너지 세포로 성장했기에, 본질적으로 하나님 그 자체입니다. 따라서 이는 '내 것'이 아닌, 하나님의 자녀인 것입니다.

물론 부모로서 우리는 그 생명을 위해 많은 노력을 기울입니다. 좋은 음식을 먹이고, 정성껏 관리하며, 건강한 성장을 돕습니다. 이러한 노력과 정성은 하늘이 인정하고 그에 맞는 공덕으로 보답해 줍니다.

하지만 더 깊은 차원을 보면, 그 육신에 깃든 영혼신은 대우주에서 스스로 존재해 온 신적 존재입니다. 이는 우리가 대우주의 근본을 이해할 때 비로소 깨닫게 되는 진리입니다. 우리 모두는 원소 에너지인 신들이며, 이것이 바로 우리를 하나님의 자녀라고 부르는 깊은 이유입니다.

이러한 이해는 우리가 자녀를 바라보는 관점을 완전히 바꾸어 놓습니다. 그들은 우리의 소유물이 아닌, 하나님의 에너지로 이루어진 육신과 대우주의 신적 존재인 영혼이 완벽하게 결합된 존재인 것입니다. 이것이 바로 생명의 진정한 본질이며, 우리가 경외해야 할 깊은 신비인 것입니다.

우주의 본질

많은 사람들은 창조론적 관점에서 세상을 이해하려 합니다. 하나님이 아담의 갈비뼈로 이브를 만들고, 모든 존재를 창조했다고 믿는 것입니다. 하지만 대우주의 진정한 모습은 이와는 완전히 다릅니다.

대우주에는 창조자도, 창조된 존재도 없습니다. 모든 것은 스스로 존재하는 근원적 에너지입니다. 하나님도, 우주의 물질 에너지도 누군가에 의해 만들어진 것이 아닌, 본래부터 스스로 존재해 온 것입니다. 이는 우리의 일반적인 이해를 넘어서는 깊은 진리입니다.

원소 에너지인 신들 역시 마찬가지입니다. 우리는 하나님의 자녀라고 불리지만, 이는 창조된 자녀라는 의미가 아닙니다. 우리도 대우주에 스스로 존재하는 독립적인 존재들인 것입니다. 이는 마치 우주의 별들이 저마다의 빛을 가지고 독립적으로 존재하는 것과 같습니다.

이러한 관점은 우주와 존재의 본질을 완전히 새롭게 이해하게 해줍니다. 모든 존재는 창조된 것이 아닌, 영원히 스스로 존재해 온 근원적 에너지라는 것입니다. 이는 우리가 알고 있던 창조론적 세계관을 넘어선 더 깊은 우주의 진리를 보여 줍니다.

이 깊은 진리를 이해할 때, 우리는 자신과 다른 모든 존재들을 더욱 경외하고 존중하게 됩니다. 우리 모두는 스스로 존재하는 신성한 에너지들이며, 서로 다른 모습으로 이 우주를 이루고 있는 것입니다.

신성한 존재들의 이름: 우주 에너지의 본질을 이해하며

   우주의 존재들을 설명하는 것은 쉽지 않은 일입니다. 이름이 없는 것들을 설명하기 위해, 우리가 이해하기 쉬운 방식으로 이름을 붙여 주었습니다. 이는 마치 보이지 않는 빛의 스펙트럼에 이름을 붙이는 것과 같은 작업이었습니다.

   하나님은 '원자 에너지'라 이름 지어졌습니다. 이는 단 하나밖에 없는 절대적 존재라는 의미에서 '하나님'(하나밖에 없는 님)이라고도 부릅니다. 그리고 우리 같은 비물질적 존재들은 '원소 에너지'라 명명되었습니다. 하지만 이러한 과학적 용어들은 때로 너무 딱딱하고 어렵게 느껴질 수 있습니다.

   그래서 우리는 좀 더 친숙한 표현으로 '영혼신'이라는 이름을 사용하게 되었습니다. 때로는 '때가 묻은 신들'이라고도 부르는데, 이는 우리의 현재 상태를 잘 설명해 주는 표현입니다. 하지만 이 모든 이름들의 본질은 하나입니다. 우리 모두는 신적 존재라는 것입니다.

   이러한 이름 붙이기는 단순한 명명 작업이 아닌, 우주의 본질을 이해하고 설명하기 위한 중요한 과정입니다. 비록 다양한 이름으로 불리지만, 우리 모두는 근본적으로 신성한 에너지의 존재들인 것입니다. 이것이 우리의 진정한 정체성이며, 잊지 말아야 할 깊은 진리입니다.

우주의 구조와 생명의 본질적 의미

우주의 구조를 보면, 하나님은 유일한 물질 세포로 존재하는 반면, 신들은 수조 개의 은하계만큼이나 많이 존재합니다. 이 은하계들은 단순한 우주 공간이 아닌, 각각의 신들을 위한 '집'으로 만들어진 것입니다. 모든 은하계가 그곳에 머무를 신의 숫자에 맞춰 존재한다는 것은 우주 구조의 놀라운 진리를 보여 줍니다.

이러한 관점에서 볼 때, 우리가 '내 자식'이라고 부르던 존재에 대한 새로운 이해가 필요합니다. 정확히 말하면 그들은 '우리의 자식'입니다. 왜냐하면 하나님의 물질 에너지로 육신이 만들어졌고, 부모의 노력으로 그 생명을 키워 냈기 때문입니다.

따라서 이는 하나님과 부모가 함께 이루어 낸 결실이며, 그렇기에 '우리의 자식'이라고 부르는 것이 더 정확한 표현입니다. 이는 자녀를 독점적 소유의 대상이 아닌, 하나님과 함께 키워 가는 공동의 책임으로 바라보게 하는 중요한 통찰을 제공합니다.

인연으로 이어진 삶의 여정

 많은 사람들은 동물적 본능으로 인해 자신을 닮은 자녀를 '내 것'이라 여깁니다. 하지만 이는 큰 오해입니다. 자녀의 육신은 하나님이 만드신 것이며, 그 안에 깃든 영혼은 대우주에서 스스로 존재해 온 신적 존재입니다.
 육신의 존재는 매우 중요한 의미를 지닙니다. 우리는 이 육신을 통해 진정한 인생을 살아갈 수 있게 됩니다. 육신이 있기에 영혼을 맑게 할 수 있고, 지식을 쌓을 수 있으며, 다른 이들과 만나 관계를 맺으며 살아갈 수 있는 것입니다.
 이 여정은 결혼을 하고 자녀를 낳아 기르는 과정으로 이어집니다. 이 모든 것이 우연히 일어나는 것이 아닌, 깊은 의미를 지닌 '인연'의 결과입니다. 우리는 이 인연을 통해 서로 성장하고, 영적으로 발전하며, 더 높은 차원의 존재로 거듭나게 됩니다.
 육신은 단순한 물질적 존재가 아닌, 영혼이 이 세상에서 경험을 쌓고 성장할 수 있게 해 주는 소중한 그릇입니다. 이 육신을 통해 우리는 다양한 인연을 맺고, 그 인연들 속에서 우리의 진정한 삶의 의미를 발견하게 되는 것입니다.
 이처럼 우리의 삶은 육신과 영혼의 조화로운 만남, 그리고 그 안에서 맺어지는 다양한 인연들을 통해 완성되어 갑니다. 이것이 바로 하늘이 우리에게 가르쳐 주는 삶의 진정한 의미인 것입니다.

부모와 자녀의 인연법

　부모라는 인연의 깊은 의미가 서서히 모습을 드러냅니다. 왜 모든 영혼은 반드시 부모라는 관계를 통해 이 세상에 와야 하는 것일까요? 단순히 생명의 탄생과 성장만이 목적이라면 다른 방식도 가능했을 것입니다. 하지만 우주의 섭리는 더 깊은 지혜를 담고 있습니다.
　먼저 부부의 만남을 살펴봅시다. 남녀의 결합은 단순한 생존이나 번식을 위한 것이 아닙니다. 음과 양이라는 우주의 근본 에너지가 만나 서로를 보완하고 성장시키는 것, 그것이 바로 부부 관계의 본질입니다. 이는 돈을 벌고 생계를 꾸리는 것을 넘어선 영적 차원의 만남입니다.
　가장 중요한 것은 '대화'입니다. 말을 통해 서로를 이해하고, 서로의 생각을 나누며, 함께 성장해 가는 것이 바로 부부 관계의 핵심입니다. 이는 마치 두 개의 다른 음이 만나 하나의 화음을 이루는 것과 같습니다.
　이러한 부부의 조화로운 관계는 자녀 교육의 토대가 됩니다. 서로 돕고 이해하는 부모의 모습은 자녀에게 가장 중요한 삶의 교과서가 되는 것입니다. 이것이 바로 하나님이 반드시 부모라는 인연을 주시는 이유입니다.

부모와 자녀의 관계는 단순한 혈연을 넘어선 우주의 교육 시스템인 것입니다. 서로 돕고 사랑하는 법을 배우고, 그것을 다시 다음 세대에 전달하는 이 과정이 바로 영혼의 정화와 성장을 위한 가장 이상적인 방식인 것입니다.

부부간 경청을 통한 죄업의 소멸

인생을 살아가다 보면 누구나 힘든 순간을 마주합니다. 특히 부인이 밖에서 좋지 않은 일을 겪고 돌아와 가슴속 이야기를 쏟아 내고 싶을 때, 그 순간은 매우 중요한 의미를 지닙니다. 이때 남편이 진심으로 귀 기울여 들어 준다면, 놀라운 치유의 과정이 시작됩니다.

이 경청의 과정은 양방향의 치유를 가져옵니다. 이야기하는 사람의 마음이 위로받을 뿐만 아니라, 듣는 사람의 영혼도 맑아지기 시작합니다. 단순히 듣기만 하는 것처럼 보이지만, 이 행위 자체가 강력한 영적 정화의 도구가 되는 것입니다. 상대의 말에 진심으로 귀 기울일 때, 듣는 이의 영혼의 질이 향상되고 죄업이 자연스럽게 소멸되기 시작합니다.

이것이 바로 음양의 법칙이 우리에게 가르쳐 주는 깊은 진리입니다. 남자와 여자가 서로를 만나 부부가 되는 것은 단순한 육체적 결합이나 사회적 계약을 넘어선 영적 성장의 여정입니다. 서로의 말에 귀 기울이고, 서로를 이해하려 노력하는 과정에서 각자의 죄업이 소멸되고, 영혼이 더 높은 차원으로 성장해 가는 것입니다.

이처럼 부부의 관계는 서로의 영적 성장을 돕는 소중한 인연입니다. 서로의 이야기에 귀 기울이는 단순한 행위가 우리의 죄업을 소멸시키고, 영혼을 정화시키며, 더 높은 차원의 존재로 성장하게 하는 것입니다. 이것이 바로 하늘이 음양의 법칙을 통해 우리에게 가르쳐 주는 깊은 진리인 것입니다.

영적 성장을 통한 사랑의 완성

현대 사회에서 많은 사람들은 부부 관계의 본질을 오해하고 있습니다. 단순히 만나서 자녀를 낳고, 재산을 모으며, 물질적 풍요를 누리는 것이 부부의 목적이라 생각합니다. 하지만 이는 매우 표면적인 이해에 불과합니다.

부부의 진정한 목적은 서로의 대화를 통해 죄업을 소멸시키는 것입니다. 이는 단순한 일상적 대화가 아닌, 영적 성장을 위한 깊은 소통을 의미합니다. 처음에는 서로의 이야기를 들어 주는 것으로 시작하지만, 이 과정이 깊어질수록 놀라운 변화가 일어납니다.

서로에 대한 이해와 도움의 정도가 30%에 머물러서는 안 됩니다. 진정한 부부가 되기 위해서는 70%의 깊은 이해와 도움이 필요합니다. 이 수준에 이르렀을 때 비로소 진정한 가족이 되며, 일심동체라 할 수 있는 진정한 부부가 탄생하는 것입니다.

이는 마치 두 개의 강물이 하나의 큰 강을 이루는 것과 같습니다. 처음에는 각자의 흐름을 가지고 있지만, 점차 하나로 합쳐지며 더 큰 힘을 갖게 됩니다. 부부 관계도 마찬가지입니다. 서로의 이야기에 귀 기울이고 이해하는 과정을 통해, 두 사람은 점차 하나가 되어 갑니다.

70%의 사랑이 만들어진다는 것은 단순한 감정적 애착이나 육체적

결합을 넘어선 영적 합일을 의미합니다. 이는 서로의 영혼이 깊이 이해하고 받아들이며, 함께 성장해 가는 과정입니다. 이때 비로소 진정한 의미의 부부가 되며, 이것이 바로 하늘이 의도한 부부의 참된 모습인 것입니다.

 이러한 깊은 이해와 사랑의 단계에 이르렀을 때, 부부는 단순한 법적, 사회적 관계를 넘어 진정한 영적 동반자가 됩니다. 이것이 바로 진정한 부부의 모습이며, 우리가 추구해야 할 결혼의 궁극적 목적인 것입니다.

부부에서 가족으로

　부부의 만남은 결코 우연이 아닙니다. 이들은 진정한 가족이 될 수 있는 모든 잠재적 조건을 가지고 만납니다. 부부 관계는 완성된 가족으로 가는 필수적인 전 단계이며, 이 과정에서 가장 중요한 것은 서로에 대한 진정한 경청입니다.

　일심동체가 되는 과정은 놀랍도록 단순하면서도 심오합니다. 그것은 바로 서로의 이야기에 진심으로 귀 기울이는 것입니다. 한 사람이 마음속 이야기를 꺼냈을 때, 상대방이 진정성을 가지고 들어 준다면, 그 순간 특별한 변화가 일어나기 시작합니다. 이는 단순한 대화를 넘어선 영적인 교감이며, 서로를 위한 도움이자 상생의 시작점이 됩니다.

　이 과정은 마치 두 개의 다른 악기가 하나의 아름다운 선율을 만들어 내는 것과 같습니다. 각자의 소리를 내면서도 서로의 소리에 귀 기울일 때, 더 아름다운 화음이 만들어지는 것처럼, 부부도 서로의 이야기에 귀 기울이며 더 깊은 조화를 이루어 갑니다.

　우주의 섭리는 이처럼 묘하게 설계되어 있습니다. 가장 단순해 보이는 '경청'이라는 행위를 통해, 두 사람은 점차 하나가 되어 가고, 이를 통해 진정한 가족으로 성장해 갈 수 있는 것입니다. 이것이 바로 하늘이 우리에게 가르쳐 주는 부부의 참된 의미이자, 가족이 되어 가는 신성한 과정인 것입니다.

  심오하면서도 단순한 원리로 이루어져 있는 우주의 섭리를 보여주는 아름다운 예시라고 할 수 있습니다.

진정한 가족의 탄생과 자녀 양육의 지혜

부부는 서로의 말에 귀 기울이며 70%의 깊은 이해와 사랑을 쌓아갈 때 비로소 진정한 가족으로 거듭납니다. 이는 단순한 법적, 형식적 관계를 넘어선 영적인 결합을 의미합니다. 두 사람이 서로의 이야기를 진심으로 경청하고, 서로를 이해하려 노력하는 과정에서 진정한 가족의 토대가 만들어지는 것입니다.

이렇게 진정한 부부가 된 이후에야 자녀와의 인연이 맺어지며, 이때 부모는 자녀 양육의 진정한 의미를 깨닫게 됩니다. 그것은 바로 자녀의 말에 귀 기울이는 것입니다. 자녀가 하고 싶은 이야기가 있을 때 진심으로 들어 주는 것, 이것이 자녀 양육의 핵심이며 가장 강력한 도구입니다.

하지만 현실에서 많은 부모들은 이러한 진리를 깨닫지 못한 채, 자녀를 자신의 소유물로 여기며 그들의 삶을 통제하려 합니다. '내 자식이니까 내 마음대로 키울 수 있다'는 생각으로 자신의 욕심을 자녀에게 투영하는 것입니다. 이는 자녀의 고유한 개성과 영적 성장을 방해하는 커다란 장애물이 됩니다.

진정한 가족이 되기 위해서는 먼저 부부가 서로에 대한 깊은 이해와 경청의 자세를 갖추어야 합니다. 이러한 토대 위에서 자녀를 맞이

하고, 그들의 이야기에 귀 기울이며, 영적 성장을 돕는 것. 이것이 바로 하늘이 우리에게 가르쳐 주는 진정한 가족의 모습입니다.

  자녀 양육은 소유나 통제가 아닌, 경청과 이해를 통한 동반 성장의 과정이어야 합니다. 부모가 자신의 욕심을 내려놓고 자녀의 목소리에 귀 기울일 때, 비로소 진정한 의미의 가족이 완성되는 것입니다. 이것이 바로 우리가 추구해야 할 참된 가족의 모습이며, 하늘이 의도한 가족의 진정한 의미인 것입니다.

부모와 자녀의 신성한 여정

현대 사회를 살아가는 많은 부모들의 마음속에는 깊은 오해가 자리 잡고 있습니다. 그들은 자녀를 낳았다는 이유로 그 생명을 자신의 소유물로 여기고, 자신의 뜻과 방식대로 양육할 권리가 있다고 믿습니다. '내가 낳은 자식이니 내 마음대로 키울 수 있다'는 이러한 사고방식은 마치 단단한 벽처럼 많은 부모들의 시야를 가로막고 있습니다.

하지만 이는 생명의 본질을 완전히 오해한 것입니다. 모든 생명은 하나님의 에너지로 이루어져 있으며, 우리가 자녀라 부르는 존재들은 대우주에서부터 우리와 깊은 인연으로 맺어진 영적 존재들입니다. 부모와 자녀의 관계는 단순한 혈연을 넘어, 대우주에서부터 이어져 온 100%의 영적 부채 관계인 것입니다.

이 깊은 빚을 갚는 방법은 우리가 일반적으로 생각하는 것과는 매우 다릅니다. 좋은 학교에 보내고, 맛있는 음식을 먹이고, 비싼 옷을 사주는 것으로는 이 빚을 조금도 갚을 수 없습니다. 진정한 빚 갚음은 자녀의 영혼이 맑아지고 성장할 수 있도록 돕는 것에서 시작됩니다.

그 핵심에는 '경청'이라는 강력한 도구가 있습니다. 바쁜 일상 속에서도 자녀가 하고 싶은 이야기가 있을 때, 모든 것을 잠시 멈추고 그들의 말에 귀 기울이는 것입니다. 설거지를 하다가도, 중요한 일을 하다가도, 자녀의 이야기를 들어야 할 때는 그 순간에 집중해야 합니다. 이는 단순한 대화가 아닌, 영혼과 영혼이 만나는 신성한 순간이기 때문입니다.

이러한 진정한 경청이 이루어질 때, 놀라운 변화가 시작됩니다. 자녀를 감싸고 있는 우주의 에너지가 그들의 영혼에 스며들면서, 내면의 성장이 이루어지기 시작합니다. 분별력이 생기고, 생각의 질이 향상되며, 창의적 상상력이 발달합니다. 이는 단순한 성격의 변화나 지적 성장을 넘어선, 근본적인 영적 성장을 의미합니다.

진정한 부모는 자녀의 인생을 통제하거나 조종하는 사람이 아닙니다. 그들은 자녀의 영적 성장을 돕는 동반자이자 안내자입니다. 자녀가 스스로의 길을 찾아갈 수 있도록 지켜보고, 필요할 때 진심 어린 조언을 건네며, 무엇보다 그들의 이야기에 진심으로 귀 기울이는 사람입니다.

이처럼 부모 됨의 진정한 의미는 소유나 통제가 아닌, 영적 동반자로서의 역할에 있습니다. 우리가 자녀에게 진 100%의 빚을 갚아 가는 과정은 곧 그들의 영혼이 더 높은 차원으로 성장하도록 돕는 여정이며, 이는 동시에 우리 자신의 영적 성장으로도 이어지는 신성한 여정인 것입니다.

원수의 인연에서 사랑의 관계로

부모와 자녀, 그리고 부부의 관계는 겉으로 보이는 것과는 전혀 다른 깊은 의미를 지닙니다. 서로에 대한 경청을 통해 죄업을 소멸시키는 과정에서, 우리는 놀라운 진실을 발견하게 됩니다.

부부는 서로 원수의 인연으로 만나 70%의 빚을 지고 있습니다. 부모와 자녀는 더 깊은 원수의 인연으로 만납니다. 부모는 자녀에게 100%의 절대적인 빚을 지고 있습니다.

이 깊은 빚을 해소하는 과정은 매우 특별합니다. 우선 부부는 서로의 말에 귀 기울이며 죄업을 소멸시킵니다. 부모는 자녀의 말을 진심으로 들어 줌으로써 빚을 갚아 갑니다. 이 과정을 통해 원수의 인연이 사랑의 관계로 변화됩니다.

이처럼 모든 인간관계의 근본에는 깊은 영적 부채가 존재하며, 특히 부모와 자녀 사이의 100% 부채는 가장 큰 해결 과제입니다. 이 빚을 올바르게 갚아 나갈 때, 비로소 진정한 가족의 의미를 이해하고 실현할 수 있게 됩니다.

영원한 인연의 빚

인간관계의 깊은 곳에는 보이지 않는 빚이 존재합니다. 특히 부부 사이에는 서로 70%의 빚을 지고 있으며, 이는 단순한 현세의 채무가 아닌 영적인 차원의 부채입니다. 이 빚의 층위는 매우 깊고 복잡합니다.

빚의 세 가지 차원은 첫째로 현생의 빚, 둘째로 전생과 전전생의 빚, 마지막으로 가장 근본적인 대우주에서의 빚이 있습니다.

많은 사람들은 빚을 물질적으로만 생각합니다. 마치 '1억을 빌리고 갚는 것'처럼 단순하게 여기죠. 하지만 진정한 빚은 이보다 훨씬 더 깊은 의미를 지닙니다. 전생에서 진 빚도 있고, 더 이전 생에서 진 빚도 있지만, 가장 중요한 것은 대우주에서 신으로 살았을 때 진 엄청난 빚입니다.

이것이 바로 우리가 지은 유일한 진정한 죄입니다. 많은 사람들이 이 진실을 모르고 있지만, 우리가 현재 서로 만나는 것은 바로 이 깊은 빚을 갚기 위해서입니다. 전생의 작은 잘못들은 상대적으로 가벼운 빚이지만, 대우주의 신으로 살았을 때 진 빚은 우리가 반드시 해결해야 할 가장 큰 과제입니다.

이처럼 모든 만남은 단순한 우연이 아닌, 깊은 영적 부채를 해소하기 위한 신성한 기회입니다. 우리는 서로를 통해 이 빚을 갚아 가며 영적으로 성장하게 되는 것입니다.

부모와 자녀의 영원한 인연

우주의 근원에서부터 이어져 온 부모와 자녀의 관계는 단순한 혈연을 넘어선 깊은 영적 인연입니다. 대우주의 신으로 존재하던 시절부터 맺어진 이 특별한 빚은, 현세에서 부모와 자녀라는 인연으로 다시 만나 해소해야 할 신성한 과제입니다.

많은 부모들은 자녀에 대한 사랑과 책임을 물질적 방식으로 표현하려 합니다. 좋은 옷을 사 주고, 맛있는 음식을 먹이며, 명문대학에 보내기 위해 노력합니다. 하지만 이러한 물질적 지원은 실제로는 부차적인 것에 불과합니다. 모든 자녀는 하나님의 자녀이기에, 그들의 물질적 성장은 이미 하나님의 섭리 안에서 자연스럽게 이루어지도록 예정되어 있습니다.

진정으로 중요한 것은 영적 차원의 빚을 갚는 것입니다. 이는 대우주에서부터 이어져 온 신과 신 사이의 깊은 부채이며, 단순한 물질적 보상으로는 결코 해결할 수 없는 것입니다. 부모가 자녀의 영적 성장을 돕는 것, 그들의 영혼이 맑아지고 발전할 수 있도록 지원하는 것, 이것이 바로 이 우주적 차원의 빚을 갚는 유일한 방법입니다.

이러한 관점에서 볼 때, 부모의 역할은 매우 특별합니다. 그들은 단순한 양육자가 아닌, 자녀의 영적 성장을 돕는 안내자이자 조력자입니다. 물질적 뒷바라지는 기본적인 의무일 뿐, 진정한 부모의 사명은 자녀의 영혼이 더 높은 차원으로 성장할 수 있도록 돕는 것에 있습니다.

이처럼 부모와 자녀의 관계는 현세의 인연을 넘어, 우주적 차원의 깊은 영적 과제를 안고 있습니다. 이 과제를 올바르게 수행할 때, 비로소 대우주에서부터 이어져 온 신성한 빛을 갚을 수 있으며, 이는 부모와 자녀 모두의 영적 성장으로 이어지게 됩니다.

우리가 자녀를 진정으로 사랑한다면, 물질적 성공이나 세속적 성취를 넘어, 그들의 영적 성장에 더 큰 관심을 기울여야 할 것입니다. 이것이 바로 하늘이 우리에게 가르쳐 주는 참된 부모의 길이며, 대우주의 신성한 빛을 갚아 가는 진정한 방법인 것입니다.

신성한 채무

육신을 넘어선 더 깊은 차원의 진실이 펼쳐집니다. 부모와 자녀 사이의 100% 빚은 이 세상의 것이 아닌, 대우주의 신들로 존재하던 시절부터의 것입니다. 이는 피자와 갈비로, 명문대 진학과 좋은 결혼으로 갚을 수 있는 성질의 것이 아닙니다.

많은 부모들이 자녀를 단순한 동물적 육신으로만 대합니다. 먹이고, 입히고, 좋은 학교에 보내는 것으로 자신의 책임을 다했다고 생각합니다. 하지만 이는 심각한 오해입니다. 진정한 빚은 영혼의 차원에 있습니다. 그것은 바로 '죄업'이라 불리는 깊은 인연의 빚입니다.

이 죄업을 갚는 방법은 놀라울 만큼 명확합니다. 자녀의 영혼이 성장할 수 있도록 돕는 것입니다. 자녀의 내면적 발전을 지원하고, 순수한 영적 존재로서의 발달을 촉진하는 것이 가장 중요합니다.

이는 마치 정원사가 꽃을 돌보는 것과 같습니다. 꽃에게 필요한 것은 값비싼 화분이나 고급 비료가 아닙니다. 그것은 적절한 빛과 물, 그리고 성장할 수 있는 자유로운 공간입니다. 마찬가지로 자녀의 영혼에게 필요한 것은 물질적 풍요가 아닌, 성장할 수 있는 영적 환경인 것입니다.

영적 부채의 상환: 경청의 마법

 빚을 갚는 방법이 마침내 그 모습을 온전히 드러냅니다. 그것은 놀랍도록 단순하면서도 심오합니다. "엄마, 할 말이 있어요"라는 자녀의 말에 진심으로 귀 기울이는 것, 바로 그것이 빚을 갚는 유일한 방법입니다.

 우리의 물질적 사고는 이를 이해하지 못합니다. 돈이나 물건으로 갚아야 한다고 생각하지만, 그것들은 영적 부채의 0.1%도 갚을 수 없습니다. 진정한 빚 갚음은 오직 한 가지 방법으로만 가능합니다. 바로 자녀의 이야기에 온전히 귀를 기울이는 것입니다. 그들이 말을 정성껏 받아들여 그들의 내면이 성장할 수 있도록 지지해 주어야 합니다.

 이는 마치 식물에 물을 주는 것과 같습니다. 물이 식물의 뿌리를 통해 자연스럽게 스며들듯, 부모의 진정한 경청은 자녀의 영혼 깊숙이 스며들어 자연스러운 성장을 촉진합니다.

 놀랍게도 이 과정에서 자녀 스스로가 빚을 지게 됩니다. 이는 우주의 신비로운 법칙입니다. 진심 어린 경청을 받은 영혼은 자연스럽게 성장하며, 그 과정에서 새로운 인연의 빚이 형성되는 것입니다.

 이것이 바로 영혼의 빚을 갚는 신성한 순환입니다. 물질이 아닌 진정한 관심과 이해로, 우리는 대우주의 시절부터 이어져 온 깊은 인연의 빚을 갚아 나가는 것입니다.

신성한 변화: 경청이 일으키는 우주의 마법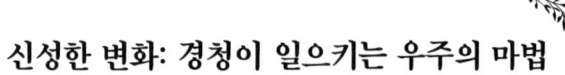

자녀의 말을 듣는 단순한 행위 속에, 우주의 신비로운 법칙이 작동하기 시작합니다. 모든 인간을 감싸고 있는 지기(地氣)와 천기(天氣), 이는 하나님 에너지의 직접적인 표현입니다. 이 신성한 에너지는 부모의 진정한 경청을 통해 활성화됩니다.

자녀가 부모에게 마음을 열고 이야기를 쏟아 낼 때, 놀라운 변화가 시작됩니다. 우주의 에너지가 내 안에 자연스럽게 스며들어, 분별력이 깨어나고 생각의 질이 높아져 상상력이 날개를 펼칩니다.

이는 마치 메마른 땅에 봄비가 내리는 것과 같습니다. 부모의 진정한 경청은 자녀의 영혼을 적시는 성스러운 빗물이 되어, 그들 안에 잠자고 있던 신성한 능력들을 깨워 나가는 것입니다.

특히 주목할 만한 것은 '분별력'의 발달입니다. 이는 단순한 지적 능력의 향상이 아닌, 우주의 법칙을 이해하고 올바른 선택을 할 수 있는 영적 지혜의 발현입니다.

생각의 질적 향상은 더 높은 차원의 의식으로의 성장을 의미합니다. 그리고 상상력의 확장은 우주적 창조성의 발현입니다. 이 모든 것이 단순한 '경청'이라는 행위를 통해 이루어지는 것입니다.

어린 영혼을 키우는 순간의 소중함

일곱 살 아이의 작은 이야기가 지니는 의미는 매우 특별합니다. 바쁜 일상 속에서 많은 부모들은 '못난 일곱 살'이라며 아이의 이야기를 쉽게 무시하곤 합니다. 설거지하는 엄마의 치마를 잡아당기며 유치원에서 있었던 일을 들려주고 싶어 하는 아이에게 "됐다, 그만해라, 바쁘다"라고 말한다면, 그 작은 거절은 아이의 성장에 깊은 상처가 될 수 있습니다.

반면, 바쁜 일상 속에서도 모든 것을 잠시 멈추고 아이의 이야기에 귀 기울이는 순간은 매우 특별한 의미를 지닙니다. 설거지를 하다가도, 아이가 유치원에서 있었던 일을 이야기하고 싶어 할 때 진심으로 들어 준다면, 놀라운 변화가 시작됩니다.

이때 일어나는 변화는 단순한 심리적 안정감을 넘어섭니다. 아이를 감싸고 있는 우주의 에너지, 즉 지기가 아이의 영혼에 자연스럽게 스며들게 됩니다. 이는 마치 따뜻한 봄날의 햇살이 새싹을 키우는 것처럼, 아이의 영혼을 건강하게 성장시키는 소중한 과정입니다.

결국 부모의 진정한 경청은 아이의 영적 성장을 위한 가장 강력한 자양분이 됩니다. 바쁜 일상 속에서도 이 소중한 순간들을 놓치지 않는 것, 이것이 바로 진정한 부모의 모습일 것입니다.

경청이 만드는 기적

하나님의 물질 에너지, 즉 자연의 강력한 에너지는 부모의 진정한 경청을 통해 자녀에게 전달됩니다. 이는 단순한 에너지의 전달을 넘어선 놀라운 변화의 시작점이 됩니다. 이 에너지가 자녀의 영혼에 스며들 때, 그들은 놀라운 능력을 얻게 됩니다.

이렇게 성장한 자녀는 삶의 다양한 상황에서 뛰어난 문제 해결 능력을 보여 줍니다. 친구 관계에서 발생하는 갈등도 지혜롭게 해결하고, 사회생활에서 마주치는 도전적인 과제들도 잘 수행해 냅니다. 직장에서 상사와의 관계도 원만하게 이끌어 갑니다.

이러한 능력이 생기는 이유는 분별력의 향상과 생각의 질적 성장 때문입니다. 부모가 정성껏 자녀의 말에 귀 기울여 줄 때, 그들의 영혼은 점차 맑아지고 성장합니다. 자녀를 감싸고 있는 지기(우주의 에너지)가 그들의 영혼에 스며들면서, 모든 상황을 현명하게 처리할 수 있는 능력이 발달하는 것입니다.

이는 단순한 성공이나 출세를 넘어선 차원의 성장입니다. 세상의 모든 문제를 지혜롭게 해결할 수 있는 '진정한 신'의 경지에 이르는 것, 이것이 바로 부모의 진정한 경청이 만들어 내는 기적입니다.

이처럼 부모가 자녀의 말을 진심으로 들어 주는 단순한 행위는, 자녀를 놀라운 성장의 길로 인도하는 강력한 힘이 됩니다. 이것이 바로 하늘이 우리에게 가르쳐 주는 진정한 양육의 비밀인 것입니다.

진정한 양육의 길

모든 아이는 고유한 소질과 잠재력을 가지고 태어납니다. 부모는 흔히 명문대 진학, 해외 유학과 같은 물질적 지원이 자녀의 성장을 이끈다고 생각하지만, 실상은 다릅니다. 이러한 외적인 성취는 아이가 가진 본연의 소질이 자연스럽게 펼쳐지는 과정일 뿐입니다.

진정한 부모의 역할은 뒷바라지에 있습니다. 이는 단순히 물질적 지원을 의미하는 것이 아닙니다. 아이가 학원을 가고 싶어 할 때는 가정 형편에 맞게 보내 주고, 때로는 현실적인 타협점을 찾아 가며 지원하는 것입니다. 이러한 물질적 지원은 자녀의 성장을 '만드는' 것이 아닌, 단지 '뒷받침하는' 것에 불과합니다.

더 중요한 것은 자녀가 스스로의 길을 찾아 갈 수 있도록 돕는 정서적, 영적 지원입니다. 부모의 욕심이나 기대에 맞춰 자녀를 끌고 가는 것이 아니라, 아이 본연의 성장 리듬을 존중하며 함께 걸어가는 것입니다.

이는 마치 정원사가 꽃을 키우는 것과 같습니다. 꽃을 억지로 피우게 할 수는 없지만, 적절한 영양분과 환경을 제공하며 그 꽃이 자연스럽게 피어나기를 기다리는 것처럼, 부모도 자녀의 자연스러운 성장을 지원하는 역할을 해야 합니다.

결국 자녀 양육의 핵심은 '통제'가 아닌 '지원'에 있습니다. 부모는 자녀의 성장을 주도하는 것이 아니라, 그들의 여정을 든든하게 뒷받침하는 조력자가 되어야 합니다. 이것이 바로 자녀를 바르게 키우는 진정한 길인 것입니다.

인연의 깊이와 부모의 진정한 역할

　우주의 섭리 속에서 모든 만남은 깊은 의미를 지닙니다. 특히 부모와 자녀의 만남은 단순한 혈연관계를 넘어선 영적 성장의 여정입니다. 이는 대우주에서부터 이어져 온 신들 간의 깊은 인연이며, 서로의 빚을 갚아 가는 소중한 과정입니다.

　자녀의 육신은 하나님의 물질 에너지로 이루어졌으며, 그 안에 깃든 영혼은 대우주의 신적 존재입니다. 따라서 부모는 자녀를 '소유물'이 아닌, 우주적 존재로 이해해야 합니다. 부모가 자녀에게 진 100%의 빚은 물질적 보상으로는 결코 갚을 수 없으며, 오직 자녀의 영적 성장을 돕는 것으로만 갚을 수 있습니다.

　이러한 영적 성장을 돕는 가장 핵심적인 방법은 바로 '경청'입니다. 자녀가 하고 싶은 이야기를 진정성 있게 들어 주는 것은 단순한 대화 이상의 의미를 지닙니다. 이때 자녀를 감싸고 있는 우주의 에너지(지기)가 그들의 영혼에 스며들어, 놀라운 변화가 일어나기 시작합니다. 분별력이 생기고, 생각의 질이 향상되며, 창의적 상상력이 발달하게 됩니다.

　부모의 역할은 크게 두 가지로 나눌 수 있습니다. 하나는 기본적인 뒷바라지(30%)로, 이는 물질적 지원과 교육 기회 제공 등을 포함합니다. 더 중요한 것은 자녀의 영적 성장을 돕는 것(70%)입니다. 이는 진정한 경청을 통해 이루어지며, 이때 부모의 지혜와 함께 우주의 에너지가 자녀에게 전달됩니다.

많은 부모들이 자녀를 명문대에 보내고 좋은 직장에 취직시키는 것을 성공적인 양육이라고 생각합니다. 하지만 이는 모두 물질적 차원의 성공일 뿐입니다. 진정한 성공은 자녀의 영혼이 맑아지고, 스스로 문제를 해결할 수 있는 능력을 갖추며, 궁극적으로는 진정한 신의 경지에 도달하는 것입니다.

이처럼 부모와 자녀의 관계는 단순한 혈연을 넘어, 우주적 차원의 깊은 인연입니다. 이는 대우주에서부터 이어져 온 신성한 관계이며, 서로의 영적 성장을 돕는 소중한 여정인 것입니다. 진정한 부모는 자녀의 말에 귀 기울이며, 그들의 영혼이 맑아지도록 돕는 동반자가 되어야 합니다. 이것이 바로 하늘이 부모에게 맡긴 진정한 사명입니다.

경청의 부재가 만드는 운명의 그림자

　인간의 무력함은 단순한 능력의 결핍이 아닌, 깊은 영적 단절에서 비롯됩니다. 이 단절의 시작점은 바로 '경청의 부재'입니다. 마치 거대한 우주가 모든 존재의 진동에 귀 기울이며 조화를 이루듯, 인간의 영혼도 타인의 진정한 경청을 통해 우주의 에너지와 공명하며 성장합니다.

　그러나 현대 사회에서 이 신성한 경청의 고리는 끊어져 있습니다. 가장 먼저 그리고 가장 깊게 이 단절을 만드는 것은 부모의 침묵입니다. 자녀가 내면의 이야기를 꺼내려 할 때마다 마주하는 "지금은 바빠", "나중에 얘기하자"와 같은 말들은 영혼의 첫 번째 장벽을 쌓습니다.

　이어서 형제자매들과 친구들의 무관심이 두 번째 장벽을 만듭니다. 그들은 각자의 삶에 몰두한 채, 서로의 내면에 귀 기울일 여유를 잃어버렸습니다. 이러한 관계의 단절은 우주의 지기(地氣)가 영혼에 스며드는 것을 차단합니다.

　지기란 단순한 자연의 기운이 아닙니다. 그것은 우주의 창조적 에너지이며, 영혼을 성장시키는 근원적 힘입니다. 이 에너지가 차단될 때, 인간은 자신의 진정한 잠재력을 발현하지 못합니다. 상황을 분별하는 능력이 약화되고, 창조적 직관이 마비되며, 삶의 도전들 앞에서 무력해집니다.

  우리가 힘을 잃는 것은 능력이 부족해서가 아닙니다. 그것은 우리의 영혼이 우주의 에너지와 단절되었기 때문입니다. 이 단절은 마치 뿌리 깊은 나무가 수분을 흡수하지 못하는 것과 같습니다. 아무리 비옥한 토양 위에 서 있어도, 뿌리가 막혀 있다면 나무는 시들 수밖에 없습니다.

  그러나 희망은 있습니다. 경청의 힘은 이러한 단절을 치유할 수 있기 때문입니다. 한 사람의 진정한 경청이 수십 년의 침묵을 녹이고, 막혀 있던 우주의 에너지가 다시 흐르게 할 수 있습니다. 이것이 바로 우리가 회복해야 할 가장 근본적인 힘입니다.

생명의 설계도

인간 영혼의 설계도는 태아기부터 21세에 이르는 장대한 시간 속에서 그려집니다. 이는 단순한 시간의 흐름이 아닌, 우주의 신성한 에너지가 한 생명의 본질을 빚어 가는 정교한 과정입니다.

가장 순수한 시작, 태아기. 이 시기는 마치 백지 위에 첫 획을 그리는 것과 같습니다. 모체 안에서 자라나는 생명은 우주의 순수 에너지를 직접적으로 받아들이며, 동시에 부모의 언어적, 정서적 에너지를 흡수합니다. 이것이 한 인간의 영적 DNA가 형성되는 첫 순간입니다.

21세까지의 성장기는 이 영적 DNA가 현실화되는 시기입니다. 마치 정원사가 어린 나무를 돌보듯, 부모의 언어 에너지는 자녀의 영혼을 양육합니다. 이 에너지의 질과 양에 따라 미래의 분별력과 통찰력이 결정됩니다. 부모의 말 한마디, 그것을 전달하는 방식, 그리고 경청의 깊이가 모두 자녀의 미래 역량을 좌우하는 것입니다.

그러나 여기서 우리는 중요한 진실을 마주하게 됩니다. 부부 관계, 부모 자식 관계, 이 모든 것은 아직 '가능성'의 상태입니다. 그것은 마치 씨앗과 같아서, 진정한 가족으로 발전할 수 있는 잠재력을 품고 있지만, 그 자체로 완성된 것은 아닙니다.

이러한 관계들은 모두 '인연'이라는 신비로운 이름으로 불립니다.

인연이란 단순한 만남이 아닌, 영적 성장을 위한 우주의 섬세한 배치입니다. 혈연이나 법적 관계를 넘어, 더 높은 차원의 연결을 향한 초대장인 것입니다.

  이처럼 인간의 발달은 21년이라는 시간 속에서 천천히, 그러나 확실하게 이루어집니다. 이 과정에서 부모의 언어 에너지는 마치 정원에 내리는 봄비와 같아서, 자녀의 영혼이 올바로 자랄 수 있는 토양을 제공합니다.

진정한 가족의 완성

우리는 흔히 같은 공간에서 살아가는 사람들을 자연스럽게 '가족'이라 부릅니다. 하지만 진정한 가족의 의미는 이보다 훨씬 더 깊습니다. 부부의 만남, 부모와 자녀의 관계, 형제간의 인연은 모두 가족이 될 수 있는 가능성의 씨앗일 뿐입니다.

많은 사람들은 물질적 지원과 뒷바라지만으로 가족의 의무를 다했다고 생각합니다. 자녀에게 좋은 교육을 제공하고, 풍족한 생활을 누리게 하는 것으로 충분하다고 여깁니다. 이는 전체 책임의 30%에 불과한 기본적인 의무일 뿐입니다.

진정한 가족으로 거듭나기 위해서는 더 깊은 차원의 노력이 필요합니다. 그것은 바로 서로의 영혼이 성장할 수 있도록 돕는 것입니다. 상대방이 하는 말에 진심으로 귀 기울이고, 그 이야기를 깊이 있게 받아들이며, 서로의 내면적 성장을 지원하는 것이 핵심입니다.

이는 마치 정원을 가꾸는 것과 같습니다. 단순히 물과 거름을 주는 것(물질적 지원)만으로는 아름다운 정원을 만들 수 없습니다. 각 식물의 특성을 이해하고, 그들의 성장 신호에 귀 기울이며, 적절한 돌봄을 제공할 때 비로소 아름다운 정원이 완성되는 것처럼, 가족 역시 서로에 대한 깊은 이해와 경청을 통해 완성되는 것입니다.

따라서 우리는 '가족'이라는 단어를 더 이상 가볍게 사용해서는 안 됩니다. 진정한 가족이 되기 위해서는 서로의 영적 성장을 돕는 끊임없는 노력이 필요합니다. 이것이 바로 하늘이 우리에게 가르쳐 주는 가족의 참된 의미입니다.

  현대 사회에서 우리는 너무나 쉽게 '우리는 가족입니다'라고 말합니다. 하지만 서로의 말에 진정으로 귀 기울이고, 영혼의 성장을 돕는 관계가 되지 않는다면, 그것은 아직 완성되지 않은 가족일 뿐입니다. 진정한 가족으로 거듭나기 위해서는 서로에 대한 깊은 이해와 영적 성장을 위한 끊임없는 노력이 필요한 것입니다.

사랑과 이해의 깊은 공명

우주의 섭리는 인연의 두 단계를 통해 우리를 진정한 가족으로 이끕니다. 연법(緣法)이라는 첫 만남의 단계와, 인연법(因緣法)이라는 깊은 관계의 발전 과정을 거쳐, 마침내 70%의 순수한 사랑이 완성될 때 우리는 진정한 가족으로 거듭나게 됩니다.

하지만 이 여정에는 많은 장애물이 존재합니다. 자아(自我)라는 거대한 벽이 우리의 시야를 가립니다. 우리는 흔히 자신의 진리만을 절대적인 것으로 여기며, 타인의 목소리를 외면합니다. '내 말이 옳다'는 고집과 '내 방식이 최선'이라는 아집은 진정한 가족으로 가는 길을 막는 큰 장벽이 됩니다.

특히 자녀 양육에 있어, 많은 부모들은 자신의 욕심을 투영합니다. 자녀의 삶을 자신의 관점으로만 재단하고, 그들의 목소리를 듣지 않은 채 자신의 뜻대로만 이끌어 가려 합니다. 하지만 이는 진정한 양육이 아닌, 영혼의 성장을 저해하는 장애물일 뿐입니다.

진정한 가족으로 가는 길은 오직 하나, 깊은 대화와 진정한 경청을 통한 상생의 길입니다. 이는 단순한 말의 교환이 아닌, 영혼과 영혼이 만나는 신성한 교감입니다. 서로의 이야기에 온전히 귀 기울이고, 그 말속에 담긴 깊은 의미를 이해하며, 서로의 영적 성장을 돕는 과정입니다.

 이러한 과정은 마치 우주의 별들이 서로의 빛을 주고받으며 더 밝은 빛을 만들어 내는 것과 같습니다. 각자의 개성을 존중하면서도 하나의 조화로운 전체를 이루어 가는 것, 이것이 바로 진정한 가족의 모습입니다.

 따라서 가족이 된다는 것은 단순한 인연의 완성이 아닌, 서로의 영혼이 깊이 공명하며 함께 성장하는 거룩한 여정입니다. 70%의 사랑이라는 숫자는 단순한 수치가 아닌, 깊은 이해와 공감, 그리고 영적 성장이 이루어진 완성의 상태를 의미하는 것입니다.

 이것이 바로 하늘이 우리에게 가르쳐 주는 진정한 가족의 의미이며, 우리가 이 땅에서 이루어야 할 가장 소중한 과제인 것입니다.

말씀의 빛과 물질의 그림자

인간의 삶에서 가장 근본적인 질문 중 하나는 "우리가 자녀에게 무엇을 물려줄 것인가"입니다. 이 질문 앞에서 많은 부모들은 물질적 풍요를 선택합니다. 하지만 이는 마치 사막에서 모래를 선물하는 것과 같은 착각일 수 있습니다.

진정한 유산의 본질은 '말씀'에 있습니다. 말씀은 영혼을 성장시키는 생명수이며, 죄업을 정화하는 성스러운 불꽃입니다. 이는 결코 다른 어떤 것으로도 대체할 수 없는 유일한 영적 양분입니다. 천하의 모든 재물을 쌓아도, 수많은 빌딩을 물려줘도, 이는 영혼의 성장 앞에서는 한낱 그림자에 불과합니다.

오늘날의 비극은 '소유'라는 착각에서 비롯됩니다. 많은 이들이 '내 것', '내 자식'이라는 소유의 개념에 사로잡혀 있습니다. 이러한 왜곡된 인식은 물질적 유산을 통해 자녀를 지키려는 맹목적인 시도로 이어집니다. 하지만 영적 성장이 동반되지 않은 물질적 유산은 오히려 독이 될 수 있습니다. 이는 마치 헤엄을 가르치지 않고 깊은 바다에 배를 띄워 주는 것과 같습니다.

준비되지 않은 영혼에게 주어진 물질적 풍요는 종종 파멸의 씨앗이 됩니다. 교육되지 않은 마음, 성장하지 못한 영혼에게 주어진 재산은 마치 어린아이에게 건네진 예리한 칼과 같습니다. 그것은 삶을 해치는 도구가 되어 돌아올 수 있습니다.

진정한 부모의 사랑은 자녀의 영혼을 일깨우는 데 있습니다. 이는 끊임없는 대화와 경청을 통해, 그들의 내면에 지혜의 등불을 켜 주는 것입니다. 물질은 썩고 사라지지만, 영혼에 새겨진 말씀의 빛은 영원히 그들의 길을 밝혀 줄 것입니다.

따라서 우리가 자녀에게 남겨 줘야 할 진정한 유산은 말씀을 통한 영적 성장입니다. 이것만이 그들의 영혼을 풍요롭게 하고, 삶의 진정한 의미를 깨닫게 하며, 궁극적으로는 더 높은 차원의 존재로 성장하게 하는 유일한 길인 것입니다.

영원한 유산

　진정으로 자녀에게 물려줄 수 있는 가장 귀한 유산은 바로 우리의 이상과 이념, 그리고 순수한 사랑입니다. 이는 물질적 재산과는 비교할 수 없는 영원한 가치를 지닌 진정한 유산입니다. 가족이 된다는 것의 참된 의미, 서로를 이해하고 성장시키는 사랑의 원리, 이것이야말로 우리가 자녀에게 전해 주어야 할 가장 소중한 유산입니다.

　이러한 영적 유산을 받은 자녀는 사회에서 진정으로 필요한 인재로 성장합니다. 그들은 단순히 성공하는 것을 넘어, 존경받는 삶을 살게 됩니다. 이러한 삶의 가치는 죽음 이후에도 계속되어, 후대에까지 선한 영향력을 미치게 됩니다.

　진정한 가족이 되기 위한 사랑은 70%라는 특별한 깊이에 도달해야 합니다. 이 수치는 단순한 숫자가 아닌, 영적 성숙도의 척도입니다. 그리고 이 깊이에 도달하는 방법은 놀랍도록 단순합니다. 바로 서로에게 도움이 되는 진정한 대화를 나누는 것입니다.

　이러한 과정을 통해 자녀는 자연스럽게 성장합니다. 마치 건강한 씨앗이 적절한 환경에서 저절로 자라나듯, 사랑의 대화로 양육된 자녀는 스스로의 길을 찾아 성장해 나갑니다. 이것이 바로 하늘이 만든 자연스러운 성장의 원리인 것입니다.

이처럼 자녀 양육의 원리는 놀랍도록 단순하면서도 심오합니다. 물질이 아닌 말씀으로, 통제가 아닌 이해로, 소유가 아닌 사랑으로 양육할 때, 우리는 진정한 의미의 가족이 되어 갈 수 있습니다.

영혼의 변화가 만드는 진정한 가족

우주의 모든 존재는 서로 깊은 연결성을 지니고 있습니다. 그중에서도 하나님의 물질 에너지가 우리의 영혼과 만나는 순간은 가장 신비로운 변화의 시작점이 됩니다. 이는 마치 봄날의 따스한 햇살이 대지에 스며들어 무수한 생명을 피워 내듯, 우리의 영혼을 근본적으로 변화시키고 새로운 차원으로 이끌어 올립니다.

하나님의 물질 에너지가 우리 영혼에 스며드는 순간, 놀라운 변화가 시작됩니다. 이는 단순한 성장이 아닌, 우주의 근원적 힘과 하나가 되는 신성한 변화입니다. 마치 작은 물방울이 바다와 만나 무한한 가능성을 품게 되듯, 우리의 영혼은 우주의 지혜와 하나가 되어 모든 것을 포용하고 이해할 수 있는 능력을 갖게 됩니다.

이러한 변화는 세 가지 차원에서 일어납니다. 첫째, 하나님의 물질 에너지가 우리 영혼의 가장 깊은 곳까지 스며듭니다. 둘째, 우주의 근원적인 힘이 우리와 하나가 됩니다. 셋째, 이를 통해 모든 것을 수용하고 이해하는 분별력이 생겨납니다.

이것이 바로 진정한 가족이 되는 유일한 길입니다. 그것은 혈연이나 법적 관계를 넘어선, 영혼의 깊은 변화를 통해 도달하는 가장 높은 차원의 결합입니다. 마치 수많은 별들이 서로의 빛으로 하나의 장엄한 은하수를 이루듯, 우리의 영혼들도 하나님의 에너지로 충만해질 때 진정한 의미의 가족이 되는 것입니다.

　이러한 변화를 경험한 영혼은 더 이상 예전의 모습으로 돌아가지 않습니다. 그들은 우주의 신비로운 힘과 하나가 되어 모든 상황을 지혜롭게 처리할 수 있는 능력을 갖게 됩니다. 이는 마치 깊은 바다가 모든 것을 포용하듯, 어떠한 상황도 수용하고 이해할 수 있는 근원적인 힘을 얻게 되는 것입니다.

　이것이 바로 우주가 우리에게 가르쳐 주는 가장 심오한 가족의 의미입니다. 진정한 가족은 외적인 조건이나 형식적인 관계가 아닌, 하나님의 에너지로 충만해진 영혼들이 만들어 내는 신성한 하모니인 것입니다. 이러한 깊은 이해를 통해, 우리는 더 높은 차원의 관계를 경험하고, 진정한 의미의 가족이 되어 갈 수 있는 것입니다.

영혼과 영혼이 만나는 순간의 지혜

인간의 모든 관계는 마치 우주의 별들이 서로를 비추는 것과 같습니다. 각각의 만남은 고유한 빛을 발하며, 그 빛은 서로의 영혼을 밝히고 성장시키는 신비로운 힘을 지닙니다. 인성이란 바로 이러한 관계의 빛을 이해하고, 그것을 올바르게 비추는 예술입니다.

특히 부모와 자녀의 관계에서, 우리는 종종 사랑이라는 이름으로 욕심과 집착의 그림자를 드리우곤 합니다. 이는 마치 꽃을 사랑하는 마음에 급히 피우려다 오히려 시들게 만드는 것과 같습니다. 진정한 사랑은 오히려 한 걸음 물러서서 자유로운 성장을 지켜보는 것에서 시작됩니다. 마치 봄날의 햇살이 모든 생명을 평등하게 비추듯, 우리도 상대의 고유한 생명력을 존중하며 지켜보아야 합니다.

이러한 지혜는 모든 인간관계의 근간이 됩니다. 부부 사이에서, 사회적 관계에서, 그리고 모든 일상의 만남 속에서, 우리는 상대를 소유하거나 통제하려 하지 않고, 있는 그대로의 모습을 인정하고 존중해야 합니다. 이는 마치 달이 조용히 밤하늘을 비추듯, 자연스럽고 평화로운 방식이어야 합니다.

하지만 이러한 진리를 아는 것과 실천하는 것 사이에는 깊은 강이 흐르고 있습니다. 많은 이들이 머리로는 이해하지만, 가슴으로는 여전히 옛 습관에 매여 있습니다. 이것이 바로 현대 사회가 직면한 가장 큰 도전이며, 우리가 함께 건너야 할 강인 것입니다.

  진정한 인성 교육은 단순한 지식의 전달이 아닌, 영혼의 깊은 변화를 추구합니다. 그것은 매 순간 상대를 진심으로 대하고, 각자의 고유성을 인정하며, 자연스러운 성장을 돕는 실천적 지혜입니다. 마치 정원사가 각각의 꽃이 저마다의 시기에 피어나기를 기다리듯, 우리도 모든 관계에서 인내와 지혜로 기다릴 줄 알아야 합니다.

  이것이 바로 우주가 우리에게 가르쳐 주는 가장 심오한 인성의 진리입니다. 모든 만남과 관계 속에서, 우리는 서로의 영혼을 비추는 별빛이 되어야 합니다. 그때 비로소 우리는 진정한 의미의 성장과 조화를 이룰 수 있을 것입니다.

겸손과 존중

인간관계의 본질을 꿰뚫는 단 하나의 진리가 있습니다. 그것은 바로 '나는 겸손하고, 상대는 존중하는 것'입니다. 이 단순하면서도 심오한 원칙은 모든 관계에 보편적으로 적용됩니다. 자녀를 대할 때도, 배우자를 대할 때도, 친구나 동료를 만날 때도, 심지어 처음 만나는 사람과의 관계에서도 이는 변함없는 진리입니다.

겸손은 단순히 많은 강의를 듣거나 지식을 쌓는다고 해서 저절로 얻어지는 것이 아닙니다. 진정한 겸손은 실천을 통해서만 배울 수 있습니다. 이는 마치 수영을 책으로만 배울 수 없는 것과 같습니다. 실제로 물에 들어가 연습해야 하듯, 겸손도 일상의 관계 속에서 끊임없이 실천해야 합니다.

따라서 우리가 던져야 할 진정한 질문은 "어떻게 하면 겸손해질 수 있는가?"입니다. 이는 단순한 태도의 문제가 아닌, 삶의 방식에 관한 근본적인 질문입니다. 겸손은 상대방을 진정으로 이해하고 존중하려는 노력에서 시작됩니다. 상대의 말에 진심으로 귀 기울이고, 그들의 관점을 이해하려 노력하며, 자신의 생각이나 판단을 절대적인 것으로 여기지 않을 때 우리는 진정한 겸손을 배우게 됩니다.

이러한 겸손의 실천은 놀라운 결과를 가져옵니다. 우리가 겸손해질 때, 모든 순간이 배움의 기회가 되고, 모든 만남이 성장의 계기가 됩니다. 이는 마치 빈 그릇이 물을 담을 수 있듯이, 겸손한 마음은 자연스럽게 지혜와 깨달음을 담아내게 되는 것입니다.

 이것이 바로 인간관계의 근본 원리이며, 모든 진정한 성장의 시작점입니다. 겸손과 존중, 이 두 가지 원칙은 결코 분리될 수 없는 하나의 진리이며, 모든 관계의 기초가 되는 것입니다.

겸손의 진정한 의미

 수천 년 동안 많은 사람들은 겸손을 '하심(下心)'이라는 말로 표현해 왔습니다. 절에서는 "보살님, 욕심을 내려놓으세요", "겸손하게 대하세요"라는 말을 흔히 사용합니다. 하지만 이러한 추상적인 가르침만으로는 진정한 겸손을 실천하기 어렵습니다. 마치 수영을 이론으로만 배우려는 것과 같은 한계가 있는 것입니다.
 많은 사람들이 겸손해지고 싶어도 실천하기 어려운 이유는, 겸손을 자연의 법칙으로 이해하지 못하기 때문입니다. 단순히 자신을 낮추고 상대를 높이라는 표면적인 가르침으로는 진정한 겸손에 도달할 수 없습니다. 이는 마치 나무의 성장 원리를 모른 채 열매만을 바라는 것과 같습니다.
 자연의 법칙으로 바라본 겸손은 강요된 태도나 형식적인 예절이 아닙니다. 그것은 우주의 섭리를 이해하고, 모든 존재가 서로 연결되어 있음을 깨닫는 데서 자연스럽게 생겨나는 마음가짐입니다. 진정한 겸손은 상대를 깊이 이해하고, 그들의 말에 진심으로 귀 기울이며, 서로의 영적 성장을 돕는 과정에서 자연스럽게 피어나는 것입니다.
 이처럼 겸손은 배워야 할 덕목이 아닌, 깨달아야 할 자연의 법칙입니다. 이를 진정으로 이해할 때, 우리는 비로소 진정한 겸손을 실천할 수 있게 될 것입니다.

진정한 경청의 예술

자연은 우리에게 특별한 방식으로 가르침을 줍니다. 우리 앞에 나타나는 모든 사람은 자연이 우리의 성장을 위해 보낸 스승입니다. 진정한 배움의 기회는 책이나 이론이 아닌, 바로 사람과의 만남 속에 있습니다. 이것이 자연의 교육 방식입니다.

겸손의 진정한 의미는 바로 '경청'에 있습니다. 상대방의 말을 진심으로 들어 주는 것, 이것이 바로 가장 순수하고 본질적인 겸손의 실천입니다. 이는 단순히 말을 듣는 물리적 행위를 넘어선, 영혼과 영혼이 만나는 깊은 교감의 순간입니다.

우리 앞에 누군가가 나타날 때, 그것은 우연이 아닙니다. 자연은 그 사람을 통해 우리에게 특별한 가르침을 전하고자 합니다. 따라서 모든 만남은 배움의 기회이며, 그 배움은 상대방의 말에 귀 기울이는 것에서 시작됩니다.

진정한 겸손은 형식적인 예절이나 표면적인 태도가 아닙니다. 자신을 억지로 낮추는 것도 아닙니다. 상대방의 말씀을 온전히 받아들이는 것입니다. 매 순간 배우려는 자세로 경청하는 것입니다.

이처럼 겸손은 단순하면서도 깊은 진리를 담고 있습니다. 상대방의 말을 진정으로 경청할 때, 우리는 자연스럽게 겸손해지고, 그 겸손함을 통해 더 큰 지혜를 얻게 됩니다. 이것이 바로 자연이 우리에게 가르쳐 주는 겸손의 진정한 의미입니다.

깊이 듣는 영혼의 예술

경청의 깊이는 바다와 같습니다. 가장 얕은 곳에서는 단순히 말소리를 듣지만, 깊어질수록 더 심오한 이해의 차원이 열립니다. 진정한 경청은 소리를 넘어, 영혼의 울림까지 듣는 예술입니다.

먼저 우리는 말을 듣습니다. 상대방의 목소리에 담긴 떨림, 말의 속도와 강약, 숨소리의 변화까지. 이는 마치 음악가가 멜로디 속의 미세한 변주를 감지하는 것과 같습니다. 언어라는 표면 아래에는 항상 더 깊은 진심이 흐르고 있어, 우리는 그 깊은 물결까지 귀 기울여야 합니다.

그다음 단계는 행동을 듣는 것입니다. 사람의 몸짓은 때로 천 마디 말보다 더 많은 것을 전합니다. 손끝의 떨림, 눈빛의 변화, 자세의 미묘한 전환… 이 모든 것이 하나의 언어가 되어 우리에게 말을 건넵니다. 이러한 무언의 대화를 읽어 내는 것도 경청의 중요한 부분입니다.

가장 깊은 차원은 존재 자체를 듣는 것입니다. 상대의 모든 것, 심지어 그들의 '꼬라지'까지도 있는 그대로 받아들이는 것입니다. 미성숙함도, 부족함도, 모든 것이 그들의 일부이며, 이 모든 것을 포용하는 넓은 마음이 필요합니다.

이러한 깊은 경청의 예술은 모든 관계의 기초가 됩니다. 부부 사이에서, 부모와 자녀 사이에서, 그리고 모든 인간관계 속에서, 이 원칙은 변함없이 적용됩니다. 이는 마치 우주의 근본 법칙과 같아서, 시대와 문화를 초월한 진리인 것입니다.

진정한 겸손과 존중

우리가 흔히 생각하는 겸손, 즉 형식적으로 고개를 숙이고 공손한 말투를 사용하는 것은 진정한 겸손이 아닙니다. 진정한 겸손은 상대방의 모든 것을 있는 그대로 받아들이고 듣는 것입니다. 그들의 말과 행동, 때로는 우리 눈에 부족해 보이는 면모까지도 모두 포용하며 듣는 자세, 이것이 바로 진정한 겸손입니다.

그러나 우리는 대개 이와는 다른 길을 걷습니다. 누군가의 행동을 볼 때, 우리는 즉각적으로 우리의 기준과 판단을 개입시킵니다. "저 사람은 왜 저렇게 행동할까", "저렇게 하면 안 되는데"라는 생각들이 자연스럽게 떠오릅니다. 이런 순간, 우리는 상대를 진정으로 존중하지 못하고 있는 것입니다.

진정한 존중은 판단하지 않고 듣는 것, 평가하지 않고 바라보는 것, 있는 그대로 받아들이는 것입니다. 이것이 실천될 때 우리의 내면이 자연스럽게 성장하고 깊은 깨달음이 스스로 찾아오며 진정한 배움이 이루어집니다.

이처럼 겸손과 존중은 단순한 외적 태도가 아닌, 완전한 수용의 자세입니다. 우리가 이러한 태도로 상대를 대할 때, 모든 배움과 성장은 자연스럽게 따라오게 됩니다. 이것이 바로 자연의 법칙이 우리에게 가르쳐 주는 깊은 진리입니다.

성장을 위한 시험

 우리는 많은 인성 교육을 받고 공부를 하면서도, 실제 상황에서는 그 가르침을 실천하지 못하는 경우가 많습니다. 마치 수영을 이론으로만 배우고 물에 들어가지 않는 것과 같습니다. 우리 앞에 나타나는 모든 사람, 모든 상황은 우리를 가르치기 위한 자연의 교육장입니다.
 하지만 우리는 늘 좋은 말, 맞는 행동을 해 주기만을 바랍니다. 그저 편안하고 즐거운 상황만을 기대하는 것입니다.
 그러나 자연의 섭리는 그렇지 않습니다 불편한 말을 통해 우리의 인내심을 시험하고 힘든 상황을 통해 우리의 이해심을 키우며 예상치 못한 행동을 통해 우리의 수용력을 넓힙니다.
 이것이 바로 진정한 공부입니다. 모든 만남, 모든 상황이 우리를 가르치는 스승입니다. 좋은 것만을 바라는 마음을 내려놓고, 모든 순간을 있는 그대로 받아들일 때, 우리는 비로소 진정한 성장을 경험하게 됩니다.
 이는 마치 정원사가 모든 날씨를 받아들이듯이, 우리도 모든 상황과 사람을 우리의 스승으로 받아들여야 합니다. 이것이 바로 자연이 우리에게 가르치고자 하는 깊은 지혜입니다.

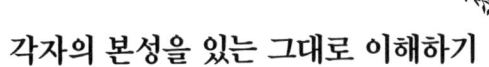

각자의 본성을 있는 그대로 이해하기

우리는 종종 다른 사람의 행동 방식을 우리의 기준으로 판단하고 평가합니다. 어떤 이는 타고난 친절함으로 모든 이에게 상냥하게 대하고, 또 어떤 이는 자연스럽게 아부하는 성향을 가지고 있으며, 또 다른 이는 타고난 도도함으로 그러한 행동을 경멸하기도 합니다. 이 모든 것은 각자가 타고난 고유한 소질입니다.

이러한 다양한 성향을 이해할 때 주의할 점은 첫째, 아부하는 사람을 비난하지 않기, 둘째, 친절한 사람을 가식적이라 여기지 않기, 셋째, 도도한 사람을 교만하다고 단정 짓지 않기입니다.

모든 사람은 자신만의 고유한 방식으로 살아갑니다. 이는 각자의 타고난 본성이고 그들만의 삶의 방식이며 있는 그대로 받아들여야 할 특성입니다.

진정한 이해와 수용은 다른 이의 성향을 판단하지 않고 각자의 고유성을 인정하며 다양한 삶의 방식을 존중하는 것입니다.

이처럼 우리 모두는 서로 다른 소질과 성향을 가지고 있으며, 이는 옳고 그름의 문제가 아닌, 각자의 고유한 삶의 방식인 것입니다. 이러한 이해가 있을 때, 우리는 진정으로 타인을 존중하고 수용할 수 있게 됩니다.

수용의 지혜

때로 우리는 이해할 수 없는 타인의 행동을 마주합니다. 똑똑한 지식인이 다른 이의 아부나 지나친 친절을 보며 비난하는 것처럼, 우리는 자주 우리의 기준으로 타인을 판단합니다. 하지만 이는 우리의 한계를 드러내는 것일 뿐입니다.

진정한 지혜는 먼저 있는 그대로 받아들이고 시간을 두고 이해의 깊이를 더할 때 발현됩니다.

우리가 아직 자연의 법칙을 완전히 이해하지 못했을 때는 섣부른 판단을 멈추고 겸손히 현상을 관찰하며 인내를 가지고 기다려야 합니다.

이러한 과정을 통해 점차 질량이 쌓이고 더 깊은 이해가 생기며 자연스러운 분별력이 생깁니다.

이것이 바로 성장의 자연스러운 순서입니다. 우리는 모든 것을 즉시 이해할 수 없습니다. 때로는 이해하지 못하는 것을 그대로 받아들이는 겸손함이 필요합니다. 이러한 겸손한 수용이 쌓일 때, 우리는 비로소 진정한 이해의 힘을 얻게 됩니다.

이는 마치 씨앗이 자라나는 것과 같습니다. 우리는 씨앗이 어떻게 뿌리를 내리고 줄기를 뻗어 나가는지 그 과정을 모두 이해하지 못합니다. 하지만 그 과정을 인내심 있게 지켜보고 기다릴 때, 자연스럽게 성장의 신비를 깨닫게 되는 것입니다.

생존의 지혜

 우리는 때로 타인의 행동을 표면적으로만 판단합니다. 아부를 하는 사람을 볼 때 '왜 저렇게 살까'라고 생각하거나, 지나치게 친절한 사람을 '가식적'이라고 판단하기 쉽습니다. 하지만 이는 깊은 이해가 부족한 판단일 뿐입니다.

 아부하는 사람에게 '아부'는 그들 고유의 생존 방식입니다. 부족함 속에서 찾은 삶의 지혜이며, 그들에게는 하나의 생명줄과도 같습니다.

 친절한 사람에게 '친절'은 타고난 소질입니다. 친절 또한 부족함을 보완하는 도구이며 생존 방식입니다.

 도도한 사람에게 '도도'는 그들의 정체성입니다. 독특한 생존 방식입니다.

 이처럼 모든 사람은 자신의 한계와 소질 안에서 최선의 삶을 살아가고 있습니다. 그들의 행동은 단순한 선택이 아닌, 생존을 위한 필수적인 전략이며 그들 존재의 핵심적인 부분입니다.

 우리가 이러한 깊은 이해에 도달할 때 섣부른 판단을 멈추게 되고 각자의 생존 방식을 존중하게 되며 더 넓은 시각으로 세상을 바라볼 수 있게 됩니다.

 결국 진정한 겸손은 타인의 고유성을 인정하고 그들의 생존 방식을 존중하며 그들의 이야기를 진심으로 듣는 것입니다.

이러한 이해와 수용이 있을 때, 우리는 비로소 진정한 성장과 깨달음에 도달할 수 있습니다.

개성의 지도

 인간의 다양한 성향이 마치 별자리처럼 펼쳐집니다. 누군가의 도도함도 하나의 소중한 소질입니다. 그들은 아부나 과도한 친절함 대신, 도도함이라는 자신만의 도구로 세상과 마주합니다. 이는 마치 각기 다른 악기가 자신만의 소리로 연주하는 것과 같습니다.
 모든 소질은 그 사람의 삶을 이끄는 나침반이 됩니다. 아부하는 이의 아부, 친절한 이의 친절, 도도한 이의 도도함, 잘난 척하는 이의 자신감…. 이 모든 것은 지식이 부족한 상태에서 자신의 생존을 위해 선택한 고유한 전략입니다. 우리가 해야 할 일은 이들을 판단하거나 매도하는 것이 아닙니다.
 자연의 원리를 완전히 이해하지 못한 우리에게 필요한 것은 '수용의 지혜'입니다. 모든 것을 있는 그대로 받아들이고, 그들의 이야기에 귀 기울이는 것. 이것이 바로 진정한 겸손이며 존중의 시작입니다.
 우리도 모든 다양성을 포용할 때, 비로소 진정한 이해에 도달할 수 있는 것입니다.

영혼의 연금술

 삶의 가장 심오한 비밀이 드러납니다. 우리가 타인의 말을 진정으로 경청할 때, 놀라운 연금술이 일어납니다. 우리의 죄업이 소멸되고, 영혼의 질이 높아지는 신비로운 변화가 시작되는 것입니다. 이는 마치 흐린 물이 자연스럽게 맑아지는 것과 같은 자연의 법칙입니다.
 하지만 많은 이들은 이 원리를 모른 채, 타인의 특성을 단순히 판단하고 평가하는 데 그칩니다. 누군가의 아부, 과도한 친절, 도도함, 자부심 같은 이 모든 것은 그들의 내면적 결핍을 채우고 온전함을 이루려는 자연스러운 생명의 표현입니다. 마치 사막의 선인장이 수분을 비축하듯, 겨울나무가 잎을 떨구듯 말입니다.

 각자의 특성은 그들의 불완전함을 완전하게 만드는 자연의 지혜인 것입니다. 우리가 이것을 비난하거나 판단할 자격은 없습니다. 오히려 이를 이해하고 받아들일 때, 우리 자신의 영혼도 더욱 풍요로워지는 것입니다.
 이것이 바로 진정한 성장의 비밀입니다. 우리가 타인을 있는 그대로 받아들이고 경청할 때, 그 과정에서 우리 자신도 자연스럽게 정화되고 성장하게 되는 것입니다.

2장 『마음을 열어 주는 황금률』

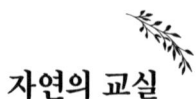

자연의 교실

진정한 배움의 비밀이 마침내 그 모습을 드러냅니다. 우리가 알지 못하는 것 앞에서 취해야 할 가장 현명한 태도는 단순합니다. 일단 듣는 것입니다. 상대방의 말과 행동을 판단 없이 받아들이는 것, 이것이 모든 배움의 시작점입니다.

이 단순한 행위가 우리 안에서 일으키는 변화는 놀랍습니다. 우리의 영혼이 맑아지고, 죄업은 자연스럽게 소멸되며, 깨달음은 마치 봄꽃이 피어나듯 저절로 찾아옵니다. 이는 강요된 성장이 아닌, 자연스러운 진화의 과정입니다.

그러나 여기에 중요한 경고가 있습니다. 아무리 많은 시간을 들여 법문을 듣고, 수천 년의 지혜를 공부한다 해도, 겸손한 마음으로 상대를 대하지 않는다면 그것은 모두 헛된 노력이 됩니다. 마치 귀를 막은 채 음악을 듣고자 하는 것처럼 말입니다.

진정한 배움은 겸손이라는 비옥한 토양에서만 자랄 수 있는 것입니다.

겸손과 존중: 모든 관계를 통한 영적 성장

 인생의 모든 관계가 하나의 원처럼 이어집니다. 자녀를 대할 때의 겸손은 단순히 부모 자식 간의 문제만이 아닙니다. 그것은 모든 인간관계의 근본이 되는 우주의 법칙입니다.

 겸손과 존중의 원리는 모든 관계에서 동일하게 적용됩니다. 자녀를 대할 때 그들의 말을 진심으로 경청하고 그들의 행동을 있는 그대로 받아들이며 때로는 그들의 '못난 꼬라지'까지도 포용하는 것입니다.

 이러한 원칙은 부부 관계에서도 사회의 모든 만남에서도 우리가 마주치는 모든 순간에도 관계로 확장됩니다.

 이러한 겸손한 자세를 통해 우리의 죄업이 자연스럽게 소멸되고 영혼의 질이 점차 향상되며 자연스러운 깨달음이 찾아옵니다.

 이것이 바로 자연이 만든 가장 완벽한 학습 방법이며, 영적 성장의 지름길입니다. 우리가 이 단순하면서도 심오한 진리를 실천할 때, 모든 성장과 깨달음은 자연스럽게 따라오게 됩니다.

겸손한 마음이 여는 우주의 축복

   자연과 하나님의 사랑은 매우 단순한 원리로 움직입니다. 그들이 가장 사랑하는 존재는 많은 경전을 읽고 끝없는 수행을 하는 사람이 아닌, 바로 타인을 겸손히 대하는 사람입니다.

   이러한 겸손한 태도가 가져오는 자연스러운 축복은 우리의 죄업이 스스로 소멸되고 우리를 감싸고 있는 지기와 천기가 자연스럽게 스며들며 우리의 영혼이 더 높은 차원으로 성장합니다.

   놀라운 것은 이러한 성장의 자연스러움입니다. 많은 공부를 하지 않아도 특별한 수행을 하지 않아도 단지 겸손하게 타인을 대하는 것만으로 모든 공부가 저절로 이루어집니다. 이것이 바로 유일한 길입니다. 다른 지름길은 없습니다. 더 빠른 방법도 없습니다. 더 효과적인 방법도 없습니다.

   이는 마치 씨앗이 자연스럽게 자라나는 것과 같습니다. 우리가 겸손이라는 비옥한 토양을 제공할 때, 모든 성장과 깨달음의 씨앗은 자연스럽게 꽃을 피우게 됩니다. 이것이 바로 자연과 하나님이 우리에게 가르쳐 주는 가장 완벽한 성장의 법칙입니다.

단순하지만 깊은 지혜

　필자가 강조하는 것은 매우 단순하면서도 깊은 진리를 담고 있습니다.

　공부는 즐겁게 해야 하고 과도한 인성 공부에 집착할 필요가 없으며 가장 중요한 것은 겸손의 실천입니다.

　진정한 겸손의 실천 방법은 상대의 말을 진심으로 경청하고 그들의 행동을 있는 그대로 받아들이며 그들의 모든 모습을 포용하는 것입니다.

　우리가 흔히 빠지는 함정은 타인을 자신의 잣대로 판단하는 것입니다. "저 사람은 아부한다." "저 사람은 과하게 친절하다." 이러한 판단은 우리의 성장을 막는 장벽이 됩니다.

　판단하는 마음의 결과 공부가 전혀 이루어지지 않고 우리를 감싸고 있는 지기와 천기가 스며들지 못하며 수년간의 인성교육도 무의미해집니다.

　이것이 바로 많은 사람들이 겪는 모순입니다. 10년 동안 인성교육을 받아도 실제 사람을 대할 때는 제대로 된 태도를 보이지 못하는 이유가 여기에 있습니다. 진정한 성장은 판단을 멈추고 겸손히 수용하는 자세에서 시작되는 것입니다.

이는 마치 거울과 같습니다. 거울이 깨끗할 때만 모든 것을 있는 그대로 비출 수 있듯이, 우리의 마음도 판단 없이 깨끗할 때 진정한 이해와 성장이 가능해집니다.

신성한 겸손

우주의 심오한 진리가 드러납니다. 겉으로 보이는 노력과 실제 인정받는 가치 사이에는 깊은 계곡이 존재합니다. 10년간의 인성 공부, 수천 시간의 수행, 끝없는 경전 연구…. 하지만 하나님의 시선은 이런 외적인 노력이 아닌, 한순간의 진정한 겸손에 머무십니다.

하나님의 사랑은 특별한 곳을 향합니다. 그것은 화려한 지식이나 오랜 수행의 기록이 아닌, 순수한 마음으로 타인을 대하는 그 순간의 겸손함입니다. 마치 아침 이슬이 모든 꽃에 평등하게 내리듯, 하나님의 은총은 겸손한 영혼에게 자연스럽게 스며듭니다.

이러한 겸손한 영혼에게 일어나는 변화는 놀랍습니다. 마치 봄날의 꽃이 저절로 피어나듯, 모든 것이 자연스럽게 이루어집니다. 깨달음이 물처럼 흘러들고 난제들이 구름처럼 걷히며 영혼이 달처럼 차오릅니다.

그러나 현실은 아이러니로 가득합니다. 수많은 이들이 공부의 시간을 자랑하며, 공부의 깊이를 이야기합니다. "하루 10시간씩, 10년을 공부했다"라는 말이 입에 붙어 있지만, 그들의 삶에서 진정한 존경과 사랑을 발견하기는 어렵습니다.

이는 마치 바다를 보지 않고 수영을 배우려 하는 것과 같은 모순입니다. 진정한 깨달음은 겸손한 실천 속에서만 꽃피우기 때문입니다. 하나님의 사랑은 타인을 향한 진정한 존중과 겸손 속에서 가장 깊이 스며드는 것입니다.

진정한 깨달음의 문

우리는 종종 성장의 본질을 오해합니다. 뛰어난 지식과 많은 인성 공부가 깨달음의 척도라고 믿지만, 이는 근본적인 착각입니다. 사람을 함부로 대하면서 아무리 많은 인성 공부를 하여도, 그것은 마치 밑 빠진 독에 물 붓기와 같습니다.

진정한 공부의 핵심은 놀라울 정도로 단순합니다. '사람을 겸손하게 대하는 것'과 '진심으로 상대를 존중하는 것'. 이것이 전부입니다.

많은 이들이 열심히 공부한다고 하지만, 정작 사람을 존중할 줄 모른다면 그것은 진정한 성장이 아닙니다. 이는 마치 나무의 열매만을 바라보고 뿌리의 중요성을 잊는 것과 같습니다. 겸손과 존중이라는 뿌리가 없다면, 아무리 많은 지식의 열매를 맺으려 해도 그것은 불가능합니다.

따라서 우리가 진정으로 물어야 할 질문은 "어떻게 하면 더 겸손해질 수 있을까?" "어떻게 하면 진정으로 상대를 존중할 수 있을까?" 입니다.

필자는 이러한 질문에 자연의 법칙으로 답을 내립니다. 이는 단순한 이론이나 관념이 아닌, 삶의 실제적인 지혜입니다. 많은 인성 공부를 하는 것보다 이 단순하면서도 근본적인 진리를 이해하고 실천하는 것이 더 중요합니다.

　이것이 바로 진정한 성장의 지름길입니다. 겸손과 존중의 실천을 통해, 우리는 자연스럽게 더 높은 차원의 깨달음으로 나아갈 수 있습니다.

자연스러운 깨달음의 길

우주의 근원을 향해 거슬러 올라가면, 우리는 놀라운 진실과 마주하게 됩니다. 천지창조의 시작은 바로 영혼들의 혼탁함에서 비롯되었습니다. 그리고 우리가 이 지상에 존재하는 궁극적인 이유는 바로 그 흐려진 영혼을 본래의 맑은 상태로 되돌리기 위해서입니다.

이 영혼의 정화 과정은 예상외로 단순합니다. 마치 흐린 물이 조용히 가라앉아 맑아지듯, 자연스러운 법칙을 따르기만 하면 됩니다. 그 첫걸음은 기본적인 지혜의 틀을 갖추는 것입니다. 이는 마치 그릇을 준비하는 것과 같습니다. 하지만 그 이후가 더욱 중요합니다.

진정한 수행은 만나는 모든 이를 겸손히 대할 때, 각자의 존재를 진심으로 존중하고 판단 없이 있는 그대로 수용할 때 이루어집니다.

이때 자연스러운 변화가 시작됩니다. 깊은 밤하늘에 별들이 하나둘 떠오르듯 봄날의 꽃봉오리가 절로 피어나듯 아침 이슬이 자연스레 맺히듯 우리의 영혼도 저절로 맑아지기 시작합니다. 오랜 세월 쌓인 죄업이 봄눈 녹듯 사라지고, 영혼의 빛이 점점 밝아집니다. 이것이 바로 우주가 설계한 가장 완벽한 수행법입니다.

복잡한 이론이나 고난도의 수행은 필요 없습니다. 기본적인 이해를 바탕으로, 겸손이라는 단순한 진리를 실천하는 것. 그것만으로 충분합니다. 나머지는 우주의 법칙이 알아서 완성해 줍니다.

영혼의 정화

　인간의 영적 성장에 대한 가장 근본적인 진리는 놀라울 만큼 단순합니다. 수많은 경전과 가르침이 있지만, 진정한 수행의 핵심은 바로 영혼을 맑히는 것입니다. 우리의 영혼은 본래 순수했으나 탁해졌고, 그로 인해 이 세상이 창조되었다는 깊은 진리가 있습니다.

　많은 사람들이 수행의 길을 찾아 헤매지만, 실제로 그 길은 우리 바로 앞에 있습니다. 그것은 바로 '겸손'이라는 단순하면서도 강력한 실천입니다. 겸손의 진정한 의미는 단순히 머리를 숙이거나 공손한 말씨를 쓰는 것이 아닙니다. 그것은 타인의 모든 것을 온전히 받아들이는 자세입니다.

　진정한 겸손의 실천은 세 가지 차원에서 이루어집니다. 첫째, 상대방의 말에 진심으로 귀 기울이는 것입니다. 둘째, 그들의 모든 행동을 있는 그대로 받아들이는 것입니다. 셋째, 우리가 보기에 부족하거나 못난 점까지도 포용하는 것입니다. 이 모든 것이 우리에게 전달되는 '말'이며, 우리는 이를 겸손히 수용해야 합니다.

　이러한 겸손한 실천은 놀라운 변화를 가져옵니다. 우리의 영혼이 자연스럽게 맑아지고, 오랜 죄업이 저절로 소멸되며, 모든 관계가 서로에게 도움이 되는 방향으로 발전합니다. 이는 강제나 노력이 아닌,

자연스러운 성장의 과정입니다.

　많은 이들이 수많은 시간을 들여 법문을 듣고 경전을 공부하지만, 정작 가장 중요한 것을 놓치고 있습니다. 기본적인 지식을 바탕으로, 매 순간 만나는 모든 이들을 겸손히 대할 때, 그것이 바로 가장 빠르고 확실한 수행이 됩니다.

　이 길은 대안이 없는 유일한 길입니다. 마치 흐린 물이 자연스럽게 가라앉아 맑아지듯, 우리의 영혼도 겸손과 존중이라는 자연스러운 방법을 통해 본래의 맑음을 되찾게 됩니다. 이것이 바로 자연이 우리에게 가르쳐 주는 가장 순수하고 효과적인 수행의 방법입니다.

　이러한 깊은 진리를 실천할 때, 우리는 진정한 영적 성장을 경험하게 됩니다. 그리고 이를 통해 우리는 서로에게 축복이 되는 관계를 만들어 갈 수 있습니다. 이것이 바로 우리가 이 땅에서 이루어야 할 가장 아름답고 소중한 과제인 것입니다.

우주의 거울 법칙

자연의 신비로운 메아리가 드러납니다. 타인을 진정으로 존중할 때, 놀라운 변화가 시작됩니다. 이는 단순한 감정의 교환이 아닌, 우주의 근본적인 법칙입니다. 마치 거울이 비추는 모습을 그대로 돌려주듯, 우리가 보내는 존중은 반드시 우리에게 돌아옵니다.

이 변화의 과정은 자연스럽습니다. 먼저 우리가 상대를 진심으로 존중하면 상대방은 그 진정성을 느끼게 되고 자연스럽게 존중으로 화답하며 때로는 그것이 존경으로까지 발전합니다.

그러나 반대의 경우는 결코 존중받을 수 없습니다. 존중받기를 먼저 바라거나 상대의 변화만을 기대하는 것은 마치 씨앗 없이 열매를 기대하는 것과 같습니다.

따라서 진정한 존중과 존경을 받고 싶다면, 우리가 먼저 그 씨앗을 뿌려야 합니다. 그것이 바로 우주의 거울 법칙이며, 이를 벗어난 지름길은 존재하지 않습니다.

삶의 가장 빠른 길

삶에서 존중받고 인정받는 길은 단 하나입니다. 그것은 바로 우리가 먼저 타인을 겸손하게 대하는 것입니다. 이 단순한 진리는 우리 삶의 모든 관계에 적용되며, 가장 빠른 성장의 길이 됩니다.

우리의 배우자이든, 우리의 자녀이든, 친구나 동료이든, 처음 만나는 낯선 이든 모두가 우리의 스승이며, 우리를 가르치기 위해 온 소중한 존재들입니다.

하지만 많은 이들이 이 진리를 놓치고 있습니다. 사람을 비뚤어진 시선으로 바라보거나 함부로 대하거나 무시하는 태도를 보일 때 그것은 자신의 성장 기회를 스스로 막아 버리는 것과 같습니다.

반면, 겸손과 존중의 실천은 놀라운 결과를 가져옵니다. 상대방이 자연스럽게 우리를 존중하게 되고 우리의 영적 성장이 가속화되며 모든 관계가 더욱 깊어지고 풍요로워집니다.

이것이 바로 공부의 최고 지름길이며, 가장 빠른 성장의 방법입니다. 우리가 겸손한 마음으로 타인을 존중할 때, 모든 배움과 성장은 자연스럽게 따라오게 됩니다.

하나님이 만드시는 완벽한 환경

　우리의 모든 배움은 타인과의 만남을 통해 이루어집니다. 이는 우연이 아닌, 하나님이 정교하게 설계한 교육의 과정입니다. 우리가 스스로 만드는 환경이 아니라, 하나님이 우리의 성장을 위해 완벽하게 준비하신 배움의 장입니다.

　하나님의 교육 방식은 놀랍도록 정확합니다. 우리가 모자란 부분, 우리가 채워야 할 부분, 우리가 약한 부분 이 모든 것을 정확히 아시고, 그에 맞는 환경을 조성하십니다.

　이 교육의 도구는 바로 사람입니다. 때로는 한 사람을, 때로는 여러 사람을, 때로는 수많은 사람들을 우리 앞에 보내시어 그들을 통해 우리에게 필요한 가르침을 전달하십니다.

　이는 마치 정교한 퍼즐과 같습니다. 각 조각이 완벽하게 맞아 들어가듯 매 만남이 우리의 부족한 부분을 채워 주고 모든 상황이 우리의 성장을 위해 준비되어 있습니다.

　따라서 우리의 역할은 이러한 신성한 교육의 과정을 겸손히 받아들이고 매 순간 만나는 이들을 존중하며 그들을 통해 전달되는 가르침을 깊이 이해하는 것입니다.

　이것이 바로 하나님이 설계하신 가장 완벽한 교육 방식이며, 우리가 진정으로 성장할 수 있는 유일한 길입니다.

매 순간 펼쳐지는 배움의 기회

우리 앞에 나타나는 모든 사람은 깊은 의미를 가지고 있습니다. 그들의 등장은 결코 우연이 아닙니다. 한 사람이 오든, 열 사람이 오든, 각자가 우리에게 특별한 가르침을 전하기 위해 보내진 것입니다.

진정한 공부의 의미는 단순히 인성 공부를 하는 것이 아닙니다. 책을 읽고 지식을 쌓는 것만도 아닙니다. 우리 앞에 펼쳐지는 모든 만남이 배움의 순간입니다.

하지만 여기서 중요한 점이 있습니다. 우리는 "이 사람에게서 무엇을 배워야 하나?"라고 분석하고 판단하려 들어서는 안 됩니다. 대신 겸손한 마음으로 자신을 낮추고 상대방의 모든 말에 귀 기울이며 그들의 존재 자체를 하나의 가르침으로 받아들여야 합니다.

모든 만남은 우리의 부족한 부분을 채우기 위해 신중히 계획된 것입니다. 우리가 해야 할 일은 단순히 겸손한 마음으로 그들의 말에 귀 기울이는 것, 그것이 전부입니다.

각자의 모습 속에 담긴 깊은 의미

우리는 종종 타인을 섣부르게 판단합니다. "저 사람은 알랑방귀를 피우네", "저 사람은 과하게 친절하네", "저 사람은 너무 도도하네"라고 말입니다. 하지만 이는 깊은 이해의 부족에서 비롯된 것입니다.

모든 사람은 자신의 모습을 가장 잘 알고 있습니다. 과하게 친절해 보이는 사람도 도도해 보이는 사람도 지식을 자랑하는 사람도 그들은 자신의 행동과 그 이유를 누구보다 잘 알고 있습니다.

더 깊은 진실은 이것입니다. 각자가 보이는 모든 행동은 그들 나름의 부족함을 채우기 위한 방식이며 생존을 위한 자연스러운 전략입니다.

우리가 이해해야 할 것은 누구도 완벽하지 않다는 것, 모든 이가 자신만의 방식으로 성장하고 있다는 것, 그들의 모습 자체가 우리에게 가르침이 된다는 것입니다.

이는 마치 숲속의 다양한 나무들처럼, 각자가 자신만의 방식으로 빛을 향해 자라나는 것과 같습니다. 우리의 역할은 이를 판단하는 것이 아니라, 그들의 모습 속에서 우리 자신의 성장을 위한 가르침을 발견하는 것입니다.

하나님의 살아 있는 교실

하나님은 우리 인생이라는 교실의 위대한 교수자이십니다. 그분은 끊임없이 우리의 성장을 위한 특별한 만남들을 설계하고, 우리가 그 순간들을 어떻게 대하는지 세심히 관찰하십니다. 이는 단순한 관찰이 아닌, 우리 영혼의 성장을 위한 정교한 교육 과정입니다.

하나님의 관찰은 다음과 같은 우리의 모든 반응에 미칩니다. 우리가 진정한 겸손으로 상대를 대하는지, 불필요한 의심의 눈으로 바라보는지, 우월감에 사로잡혀 있는지, 무심히 지나치고 있는지….

이때 인성 공부는 단지 기초를 제공할 뿐입니다. 마치 음악에서 기본 음계를 배우는 것과 같이, 인성 공부는 우리에게 기본적인 이해의 틀을 제공합니다. 하지만 진정한 연주는 실제 삶의 무대에서 이루어집니다.

실전 교육의 진정한 스승은 하나님이십니다. 그분은 완벽한 타이밍에 적절한 사람들을 보내고 정교하게 설계된 상황을 만드시며 우리의 모든 반응을 주의 깊게 지켜보십니다.

이 과정에서 가장 큰 함정은 남을 판단하는 것입니다. "저 사람은 아부쟁이야", "저 사람은 너무 과하게 친절해" 같은 판단들은 우리 자신의 성장을 가로막는 장벽이 됩니다.

영적 성장의 신성한 여정

하나님은 우리의 모든 순간을 세심하게 지켜보고 계십니다. 특히 우리가 타인을 대하는 방식에 깊은 관심을 기울이시는데, 이는 그것이 우리의 영적 성장을 가장 명확하게 보여 주는 척도이기 때문입니다. 우리가 누군가를 겸손하게 대하는지, 비뚤어진 시선으로 바라보는지, 혹은 우월한 태도로 대하는지, 이 모든 것이 우리의 영적 상태를 드러내는 거울이 됩니다.

진정한 영적 성장은 두 가지 차원에서 이루어집니다. 하나는 인성 공부를 통해 기본적인 진리를 이해하는 것이고, 다른 하나는 하나님이 특별히 준비하신 만남을 통한 실천적 배움입니다. 이때 우리가 깊이 이해해야 할 것은, 우리 앞에 나타나는 모든 사람의 모든 행동에는 그들만의 깊은 의미가 있다는 점입니다.

누군가 아부하는 듯한 모습을 보일 때, 혹은 과도하게 친절해 보일 때, 우리는 쉽게 판단하려 들지만, 그것은 그들의 생명력의 표현입니다. 마치 각각의 식물이 자신만의 방식으로 생존하고 성장하듯, 모든 인간의 행동은 그들의 부족함을 채우고 생존하기 위한 고유한 방식인 것입니다.

하나님은 우리의 성장을 위해 정교한 교육 과정을 준비하셨습니다. 우리 앞에 나타나는 모든 만남은 우연이 아닌, 우리의 부족한 부분을 채우기 위해 세심하게 계획된 것입니다. 따라서 우리의 역할은 단순합니다. 판단하지 않고, 자신을 낮추며, 겸손한 마음으로 그들의 말에 귀 기울이는 것입니다.

이러한 겸손한 태도는 마치 땅을 비옥하게 만드는 것과 같습니다. 비옥한 땅에서 모든 씨앗이 잘 자라나듯, 겸손한 마음에서 모든 영적 성장이 시작됩니다. 우리가 진정으로 성장하기를 원한다면, 먼저 우리의 마음을 겸손으로 채워야 합니다.

이것이 바로 하나님이 우리에게 가르치시는 가장 깊은 진리입니다. 모든 만남이 우리의 성장을 위한 소중한 기회이며, 그 기회를 올바로 활용하는 것은 전적으로 우리의 겸손한 태도에 달려 있습니다. 이를 통해 우리는 진정한 영적 성장을 이루고, 하나님이 의도하신 더 높은 차원의 존재로 거듭날 수 있는 것입니다.

각자의 고유한 빛깔

모든 사람은 자신만의 고유한 생명력을 가지고 있습니다. 마치 자연의 꽃들이 각자의 색과 향으로 아름다움을 표현하듯, 사람들도 저마다의 방식으로 자신의 생명력을 표현합니다. 어떤 이에게는 아부가 생명입니다. 어떤 이에게는 친절함이 생명입니다. 어떤 이에게는 지식과 도도함이 생명입니다. 또 어떤 이에게는 굳건한 줏대가 생명입니다.

이 모든 것은 각자의 부족함을 채우고 살아가는 고유한 방식입니다. 마치 식물이 빛을 향해 자라나는 방식이 다르듯, 사람들도 저마다의 방식으로 자신의 생명력을 표현하고 성장합니다.

차이는 이들을 바라보는 우리의 시선에 있습니다. 판단하고 비난하는 시선으로 볼 때, 우리는 그들의 진정한 가치를 놓치게 됩니다. 이해하고 수용하는 시선으로 볼 때, 우리는 그들의 생명력의 아름다움을 발견하게 됩니다.

이는 마치 같은 정원을 다른 시각으로 바라보는 것과 같습니다. 어떤 이는 잡초만 보지만, 어떤 이는 각 식물의 고유한 생명력을 발견합니다. 우리가 어떤 시선으로 바라보느냐에 따라, 같은 현상도 전혀 다르게 이해될 수 있는 것입니다.

진정한 지혜와 리더십의 근원

　진정한 이해의 시작은 우리의 시선을 바꾸는 것에서 시작됩니다. 누군가를 비판적인 시선으로 바라보거나 판단하려 들기보다는, 그들의 말에 귀 기울이고 그들의 존재 자체를 이해하려 노력할 때, 우리는 더 깊은 통찰에 도달할 수 있습니다.
　이러한 깊은 이해는 자연스럽게 영향력으로 이어집니다. 이는 강제나 통제가 아닌, 자연의 법칙처럼 순리적으로 흐르는 힘입니다. 마치 물이 높은 곳에서 낮은 곳으로 자연스럽게 흐르듯, 진정한 이해에서 비롯된 리더십은 어떠한 저항도 없이 자연스럽게 받아들이게 됩니다.
　필자를 통해 자연의 법칙을 배우고 삶에 적용하는 진정한 지식인은, 타인을 이해하는 것을 가장 중요한 공부로 여깁니다. 왜냐하면 상대를 진정으로 이해하지 못한 채로는 그들을 올바른 방향으로 이끌 수 없다는 것을 알기 때문입니다. 이는 마치 땅의 성질을 모르는 농부가 좋은 작물을 기를 수 없는 것과 같은 이치입니다.
　이해의 힘은 점진적이지만 강력합니다. 우리가 타인의 말에 진심으로 귀 기울이고, 그들의 행동과 생각을 이해하려 노력할 때, 자연스럽게 그들을 이끌 수 있는 지혜가 생겨납니다. 이는 마치 오랜 시간 땅을 관찰하고 이해한 농부가 자연스럽게 최적의 농사법을 터득

하는 것과 같습니다.

 따라서 진정한 리더십은 권위나 지위에서 나오는 것이 아니라, 깊은 이해와 통찰에서 비롯됩니다. 상대방의 본질을 이해하고, 그들의 생명력의 표현 방식을 존중하며, 그들의 성장을 도울 수 있는 지혜를 갖출 때, 우리는 비로소 진정한 의미의 리더가 될 수 있습니다.

 이것이 바로 자연의 법칙이 우리에게 가르쳐 주는 리더십의 본질이며, 필자를 통해 배우는 가장 중요한 지혜입니다. 이러한 이해를 바탕으로 할 때, 우리는 타인의 자발적인 성장을 돕는 진정한 안내자가 될 수 있는 것입니다.

생명의 본질을 이해하는 지혜

인간을 진정으로 이해한다는 것은 깊은 통찰과 지혜를 필요로 합니다. 누군가를 온전히 이해하지 못한 상태에서 그들을 판단하거나 조언하는 것은, 마치 식물의 본성을 모른 채 그 생장을 조절하려는 것과 같은 위험한 시도가 될 수 있습니다. 진정한 이해 없는 개입은 오히려 해가 될 수 있기 때문입니다.

하지만 깊은 이해에 도달한 이들은 다른 차원의 통찰을 얻게 됩니다. 그들은 왜 어떤 사람이 아부를 하는지, 왜 과도한 친절을 보이는지, 왜 특정한 방식으로 행동하는지를 근원적으로 이해합니다. 이는 단순한 행동의 관찰을 넘어선, 그 행동의 본질과 생명력을 꿰뚫어 보는 지혜입니다.

모든 인간은 태어날 때부터 고유한 소질을 가지고 있습니다. 이 소질은 단순한 재능이나 성향이 아닌, 그들의 생명 그 자체입니다. 누군가에게는 친절함이, 또 다른 이에게는 지적 탐구가, 혹은 다른 이에게는 세심한 배려가 그들의 본질적 생명력이 되는 것입니다.

이러한 깊은 이해에 도달했을 때, 우리는 비로소 타인을 진정으로 이끌 수 있는 힘을 얻게 됩니다. 이는 강제나 통제가 아닌, 자연스러운 흐름과 같은 영향력입니다. 마치 숙련된 정원사가 각 식물의 고유한 성질을 이해하고 그에 맞는 최적의 환경을 제공하듯, 우리도 각 개인의 본질을 이해하고 그들의 자연스러운 성장을 도울 수 있게 됩니다.

  이러한 지혜는 단순한 관찰이나 학습으로는 얻을 수 없습니다. 그것은 깊은 통찰과 경험, 그리고 무엇보다 각 개인의 생명력을 존중하는 겸손한 자세에서 비롯됩니다. 이것이 바로 진정한 리더십의 근원이며, 인간을 이해하는 가장 깊은 지혜인 것입니다.

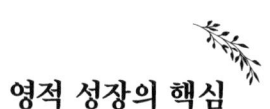

영적 성장의 핵심

 필자에게 지식이 생명이듯, 모든 사람에게는 각자의 고유한 생명력이 있습니다. 우주는 모든 이에게 특별한 소질을 부여했으며, 그것이 바로 그들의 생명의 표현 방식입니다. 우리가 해야 할 일은 이러한 다양성을 존중하고 인정하는 것입니다.

 많은 이들이 타인의 방식을 부정하며 "이렇게 해야 한다", "저렇게 해야 한다"라고 주장합니다. 하지만 이러한 태도로는 진정한 성장을 이룰 수 없습니다. 비록 많은 인성 공부를 하고 지식을 쌓는다 해도, 그것은 단지 귀를 통과하는 소리에 불과할 뿐, 결코 영혼 깊숙이 스며들지 못합니다.

 필자가 강조하는 핵심은 바로 여기에 있습니다. 영적 성장의 길은 둘이 아닌 하나입니다. 그것은 바로 상대방의 말에 진정으로 귀 기울이는 것입니다. 우리가 타인의 말을 진심으로 경청할 때, 우리의 영혼이 성장하고 서로에게 도움이 되며 진정한 이해가 시작됩니다.

 이는 마치 땅이 모든 씨앗을 차별 없이 받아들이는 것과 같습니다. 각각의 씨앗이 자신만의 방식으로 꽃을 피우고 열매를 맺듯이, 모든 사람은 자신만의 방식으로 생명력을 표현합니다. 우리의 역할은 이를 판단하는 것이 아닌, 경청하고 이해하며 존중하는 것입니다. 이것이 바로 진정한 영적 성장의 길이며, 우리가 배워야 할 가장 근본적인 지혜입니다.

겸손과 존중의 선순환

모든 변화의 시작점은 겸손과 존중입니다. 우리가 타인을 진정으로 겸손하게 대할 때, 두 가지의 놀라운 변화가 일어납니다. 첫째는 우리의 죄업이 자연스럽게 소멸되는 것이고, 둘째는 관계의 질적 변화입니다.

특히 부모와 자녀의 관계에서 이는 더욱 분명하게 나타납니다. 부모는 자녀에게 100%의 빚을 지고 있습니다. 하지만 자녀의 말에 진정으로 귀 기울이고 존중할 때 이 빚은 자연스럽게 해소되기 시작합니다.

더욱 놀라운 것은 이러한 존중이 가져오는 자연스러운 변화입니다. 부모가 자녀를 진정으로 존중하면 자녀 또한 부모를 깊이 존경하게 되고 이는 자연스러운 효로 이어집니다.

이는 매우 중요한 원리를 보여 줍니다. 진정한 효는 강요나 의무가 아닌, 존경심에서 자연스럽게 우러나오는 것입니다. 부모가 자녀의 존재를 인정하고 존중할 때, 자녀는 그 존중에 자연스럽게 존경으로 응답하게 됩니다.

이것이 바로 자연의 법칙이 우리에게 가르쳐 주는 관계의 진리입니다. 겸손과 존중으로 시작된 변화는 모든 관계를 더 높은 차원으로 승화시키는 것입니다.

세대를 넘어서는 영적 유산

많은 부모들이 자녀 양육을 물질적 투자로만 바라봅니다. "내가 새가 빠지게 키웠다"라는 말은 육신의 성장만을 바라본 편협한 시각을 보여 줍니다. 하지만 육신의 성장은 자연스러운 것이며, 물질적 양분만 주어진다면 저절로 이루어지는 것입니다.

진정한 양육의 의미는 다른 곳에 있습니다. 자녀의 말에 귀 기울이고 그들의 영혼을 존중하며 그들의 내면적 성장을 돕는 것이 바로 진정한 양육입니다.

이러한 존중을 통한 양육은 놀라운 결실을 맺습니다. 자녀가 자연스럽게 부모를 존경하게 되고 이는 진정한 효로 이어지며 이 영향은 세대를 넘어 이어집니다.

더 놀라운 것은 이러한 존중의 영향력이 육신의 한계를 넘어선다는 점입니다. 돌아가신 부모의 영혼도 자녀를 존경하게 되고 이는 대대로 이어지는 영적 축복이 되며 세대를 넘어서는 아름다운 유산이 됩니다.

이것이 바로 진정한 부모 됨의 의미이며, 세대를 이어 가는 영적 성장의 비밀입니다. 단순한 물질적 양육을 넘어, 영혼의 성장을 돕는 존중의 태도가 바로 진정한 부모의 사랑인 것입니다.

존경받는 삶이 만드는 초월적 영향력

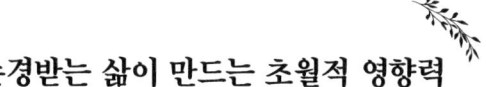

우리의 영향력은 보이는 세계를 넘어 보이지 않는 차원까지 확장됩니다. 진정으로 존경받는 삶을 살 때, 그 파장은 현세의 경계를 넘어 신줄의 모든 영혼들에게 전달됩니다. 이는 단순한 영향이 아닌, 영적 차원의 깊은 공명입니다.

이 놀라운 현상의 시작점은 의외로 단순합니다. 우리가 타인의 말에 진정으로 귀 기울이고, 그들의 영혼을 진심으로 존중할 때, 우리의 영혼은 자연스럽게 성장합니다. 이렇게 축적된 영혼의 질량은 마치 깊은 호수처럼 주변에 강력한 영향력을 미치게 됩니다.

사회에서 진정한 존경을 받는 삶을 살 때 대지에 깊이 뿌리 내린 나무처럼 안정감이 생기고 높은 산처럼 멀리까지 영향력이 미치며 맑은 거울처럼 주변을 비추게 됩니다.

이때 놀라운 일이 일어납니다. 우리의 조상들, 집안의 모든 영혼들이 우리의 존재에 감응하기 시작하는 것입니다. 우리가 한마디 말을 건넬 때, 그들은 귀 기울입니다. 이는 우연이 아닙니다. 우리가 먼저 무수한 이들의 말에 귀 기울였기에, 우리의 말에도 그만한 무게가 실리는 것입니다.

이러한 영적 영향력은 결코 강요나 노력으로 얻을 수 없습니다. 그것은 오직 진정한 경청과 존중을 통한 자연스러운 성장의 결과로만 가능합니다. 마치 깊은 호수가 자연스럽게 형성되듯, 우리의 영혼도 그렇게 깊어지는 것입니다.

존중으로 얻어지는 진정한 힘

 삶의 방식이 우리의 영적 영향력을 결정합니다. 우리가 타인을 존중하고 그들의 성장을 도왔을 때, 우리의 말은 조상의 영혼들에게까지 영향을 미치는 강력한 힘을 갖게 됩니다. 그들은 우리의 말에 "예"라고 응답하며 기꺼이 따르게 됩니다.

 반면, 잘못된 삶의 태도는 이러한 영적 영향력을 완전히 상실하게 만듭니다.

 자신의 고집만을 내세우고, 자신의 주장만을 강요하며, 타인에게 짜증과 분노를 표출하는 삶은 자녀의 올바른 성장을 돕지 못하고, 배우자와의 관계를 해치며, 사회적 관계에서도 실패하게 됩니다.

 결과적으로 진 빚을 갚지 못하고 영적 권위를 얻지 못하며 어떤 말을 해도 힘이 없게 됩니다.

 이는 마치 흐린 물이 아무것도 제대로 비추지 못하는 것과 같습니다. 우리의 영혼이 맑지 못하면, 우리의 말은 어떤 차원에서도 영향력을 가질 수 없게 되는 것입니다.

 이것이 바로 존중과 겸손의 삶이 그토록 중요한 이유입니다. 진정한 영적 권위는 타인에 대한 진심 어린 존중과 그들의 성장을 돕는 삶을 통해서만 얻어질 수 있는 것입니다.

존중과 성장이 만드는 영적 조화

진정한 효는 마치 자연의 순환과도 같은 아름다운 과정을 통해 완성됩니다. 이는 단순한 물질적 봉양이나 형식적 공경을 넘어선, 깊은 영적 성장과 자연스러운 존경의 결실입니다. 이 순환의 시작은 부모가 자녀를 진정으로 존중하는 것에서 비롯됩니다.

부모가 자녀의 말에 진심으로 귀 기울이고, 그들의 영혼을 존중하며 내면의 성장을 도울 때, 놀라운 변화가 시작됩니다. 이는 마치 정원사가 식물을 사랑으로 돌볼 때 그 식물이 자연스럽게 아름다운 꽃을 피우는 것과 같습니다. 자녀는 이러한 존중 속에서 자연스럽게 성장하여 사회에서 존경받는 인물로 성장하게 됩니다.

이렇게 성장한 자녀가 사회에서 빛나는 삶을 살 때, 그것은 다시 부모에 대한 자연스러운 존경으로 이어집니다. 이는 강요된 것이 아닌, 마치 물이 높은 곳에서 낮은 곳으로 흐르듯 자연스러운 흐름을 따르는 것입니다. 자녀의 성공과 존경받는 삶은 그들을 키워 준 부모에 대한 가장 아름다운 선물이 됩니다.

더욱 놀라운 것은 이러한 자연스러운 효의 실천이 부모의 건강에까지 영향을 미친다는 점입니다. 이는 비싼 보약이나 선물로는 결코 얻을 수 없는 것입니다. 자녀가 사회에서 존중받고 올바른 삶을 살

때, 그 기쁨과 자부심이 부모의 건강을 지키는 가장 강력한 보약이 되는 것입니다.

  진정한 효는 이처럼 존중과 성장의 자연스러운 순환 속에서 완성됩니다. 부모의 진정한 존중이 자녀의 올바른 성장으로 이어지고, 그 성장이 다시 부모에 대한 자연스러운 효로 돌아오는 것입니다. 이는 우리에게 효의 진정한 의미가 무엇인지, 그리고 어떻게 그것을 실현할 수 있는지를 가르쳐 주는 심오한 진리입니다.

  이것이 바로 하늘이 우리에게 보여 주는 가장 아름다운 삶의 순환이며, 진정한 효의 완성인 것입니다.

부모 건강의 자연스러운 열쇠

자녀와의 물리적 거리나 만남의 빈도는 진정한 효의 척도가 될 수 없습니다. 비록 자녀가 일 년에 한 번도 찾아오지 않더라도, 그들이 사회에서 존중받고 가치 있는 삶을 살고 있다는 소식만으로도 부모의 건강은 자연스럽게 지켜집니다. 이는 그 어떤 비싼 보약보다도 강력한 생명력을 부모에게 전해 주는 자연의 신비로운 법칙입니다.

바르게 성장한 자녀의 좋은 소식은 자연스럽게 부모에게 전달되고 이 기쁜 소식은 산삼이나 홍삼보다 더 강력한 치유력을 가지며 부모의 건강을 자연스럽게 지켜 주게 됩니다.

반면, 현대 사회에서 우리가 목격하는 많은 부모들의 질병과 고통은 깊은 의미를 담고 있습니다. 이는 단순한 신체적 질병이 아닌, 자녀를 바르게 성장시키지 못한 것에 대한 자연의 반영일 수 있습니다.

진정한 건강의 비결은 바로 자녀를 바르게 성장시키는 것입니다. 그들이 사회에서 존중받는 사람이 되도록 도와 이를 통해 자연스러운 치유를 얻는 것이 진정한 건강입니다.

이것이 바로 자연이 우리에게 가르쳐 주는 건강의 법칙이며, 부모와 자녀 관계의 진정한 의미인 것입니다.

진정한 성장과 효의 본질을 찾아서

현대 사회에서 많은 이들이 효도의 의미를 물질적 표현에서 찾으려 합니다. 값비싼 홍삼과 보약을 정성스럽게 준비하여 부모님께 드리는 것이 최선의 효도라 생각하지만, 이는 오히려 역설적인 결과를 가져올 수 있습니다. 영적 성장이 동반되지 않은 물질적 봉양은 진정한 효가 될 수 없으며, 때로는 부모의 건강을 더욱 악화시키는 원인이 되기도 합니다.

진정한 영적 성장은 세 가지 중요한 변화를 통해 이루어집니다. 첫째는 우리의 죄업이 자연스럽게 소멸되는 것이고, 둘째는 영혼의 질적 향상이며, 셋째는 우리를 둘러싼 지기와 천기가 자연스럽게 우리 영혼에 스며드는 것입니다. 이러한 변화는 단순한 지식의 축적이나 형식적인 수행으로는 얻을 수 없습니다.

많은 이들이 수많은 인성 공부를 하고 끊임없이 지식을 쌓으려 하지만, 이는 마치 물이 새는 그릇에 물을 채우려는 것과 같습니다. 진정한 변화의 핵심은 기본적인 틀을 이해하고, 그것을 일상에서 실천하는 것에 있습니다. 특히 우리가 만나는 모든 이들을 겸손하게 대하고 진심으로 존중할 때, 놀라운 변화가 자연스럽게 일어나기 시작합니다.

반면, 아무리 오랜 시간 인성 공부를 하고 방대한 지식을 쌓아도, 타인을 겸손하게 대하지 않는다면 그것은 메아리 없는 울림에 불과합니다. 삼천 년의 법문도, 깊은 지식의 축적도, 그 어떤 학습도 사람을 바르게 대하는 겸손함이 없다면 진정한 가치를 가질 수 없습니다.

이것이 바로 자연이 우리에게 가르쳐 주는 가장 심오한 진리입니다. 진정한 성장은 겸손과 존중이라는 단순하지만 깊은 실천에서 시작되며, 이를 통해 우리는 자연스럽게 더 높은 차원의 존재로 거듭날 수 있습니다. 이러한 성장이 있을 때, 비로소 우리는 진정한 효를 실천할 수 있으며, 사회에서 진정으로 존경받는 인물이 될 수 있는 것입니다.

모든 진정한 변화는 겸손과 존중이라는 단순하면서도 깊은 실천에서 시작됩니다. 이것이 바로 우리가 이 땅에서 배워야 할 가장 중요한 삶의 지혜이며, 영적 성장의 핵심인 것입니다.

익은 벼가 가르쳐 주는 삶의 진리

자연은 우리에게 가장 완벽한 스승입니다. 특히 벼와 보리가 보여 주는 대비는 깊은 지혜를 담고 있습니다. 지식과 경험이 깊어질수록 더욱 겸손해지는 벼의 모습은, 진정한 성장이 어떤 것인지를 보여 주는 완벽한 예시입니다.

익은 벼는 태풍 앞에서도 살아남습니다. 가득한 이삭으로 인해 자연스럽게 고개를 숙이고, 그 겸손한 자세로 인해 태풍의 힘을 피해 가며, 결국 풍성한 수확으로 이어집니다.

반면 빳빳한 보리는 강한 자세로 서 있다가 오히려 태풍에 쉽게 쓰러집니다. 인간의 삶도 마찬가지입니다. 진정한 지식은 겸손으로 이어지고, 깊은 이해는 자연스러운 겸양을 낳으며, 그 겸손함이 오히려 우리를 지켜 주게 됩니다.

이처럼 자연은 우리에게 가장 단순하면서도 심오한 진리를 가르쳐 줍니다. 우리가 공부를 어렵게 생각하는 것은, 어쩌면 이 자연스러운 진리에서 멀어졌기 때문인지도 모릅니다.

진정한 공부의 의미를 찾아서

10년이라는 긴 시간 동안 인성 공부를 하여도 여전히 타인의 무시를 받는다면, 이는 깊이 성찰해 봐야 할 문제입니다. 진정으로 상대를 존중했다면 그들로부터 무시를 받는 일은 결코 일어나지 않기 때문입니다. 이는 우리의 공부 방식에 대해 근본적인 질문을 던지게 합니다.

많은 이들이 인성 공부 하는 것을 공부의 전부라고 생각하지만, 이는 큰 착각입니다. 10년의 인성 공부가 있다면 이미 지혜로운 도인이 되어 있어야 하고 사회에서 존경받는 인물이 되어 있어야 합니다.

그러나 현실은 다릅니다. 많은 인성 공부를 하였음에도 여전히 무시를 당하고 진정한 지혜를 얻지 못하는 경우가 많습니다.

이는 진정한 공부는 단순한 지식의 축적이 아니라 그것을 삶에서 실천하는 것이며 특히 타인을 진심으로 존중하는 태도에서 비롯된다는 중요한 진리를 가르쳐 줍니다.

결국 진정한 공부의 결실은 우리가 얼마나 많은 인성 공부를 하였는가가 아니라, 그것을 통해 얼마나 겸손하고 지혜로운 사람이 되었는가로 판단되는 것입니다. 이것이 바로 우리가 깨달아야 할 공부의 진정한 의미입니다.

삶으로 보여 주는 겸손의 지혜

많은 이들이 수십 년간 인성 공부를 하여도 진정한 성장을 이루지 못하는 이유가 있습니다. 그들이 실제 삶의 순간에서, 하나님이 보내 주신 사람들을 어떻게 대하는지를 보면 그 이유를 알 수 있습니다. 타인을 무시하고, 자신의 잣대로 판단하며, 깔보는 태도를 보이면서 어떻게 존중받기를 기대할 수 있을까요?

자녀 교육의 진리는 놀라울 만큼 단순합니다. "자녀는 부모의 그림자를 밟고 자란다"라는 옛말처럼, 우리의 모든 행동은 자녀에게 가장 강력한 교육이 됩니다.

일상에서의 실천으로 모든 사람을 겸손하게 대하고 진심으로 존중하는 태도를 보이면 자녀는 이를 자연스럽게 배우게 됩니다.

특히 자녀를 대할 때의 태도로 겸손히 자신을 낮추고 자녀를 소유물이 아닌 자연의 자녀로 인식하며 그들의 신성한 본질을 이해하는 것이 중요합니다.

이러한 실천적 교육은 어떤 말로도 대신할 수 없으며 그 어떤 이론적 가르침보다 강력하고 가장 자연스러운 배움이 됩니다.

진정한 교육은 우리의 삶 자체가 되어야 합니다. 말이나 이론이 아닌, 우리의 실제 행동을 통해 자녀에게 겸손과 존중의 가치를 보여 주는 것, 이것이 바로 가장 효과적인 교육 방법인 것입니다.

겸손의 실천이 만드는 자연스러운 조화

모든 관계의 핵심은 놀라울 만큼 단순합니다. 우리가 타인을 진정으로 존중하고 겸손하게 대할 때, 그들의 영혼은 이를 정확하게 알아차립니다. 특히 부모가 자녀를 이러한 태도로 대할 때, 자녀들은 자연스럽게 부모를 존경하게 됩니다. 이는 강요나 의도가 아닌, 자연스러운 반응으로 이루어지는 것입니다.

모든 관계에서 단 하나의 핵심 원칙이 있습니다. 겸손하게 상대를 존중하며 이를 진심으로 실천하는 것입니다.

이러한 실천으로 관계가 자연스럽게 개선되고 서로에 대한 존경이 생기며 깊은 이해와 조화가 이루어집니다.

이는 마치 자연의 법칙과도 같습니다. 우리가 겸손과 존중이라는 단순한 원칙을 실천할 때, 모든 관계는 자연스럽게 아름다운 조화를 이루게 됩니다. 이것이 바로 하늘이 우리에게 가르쳐 주는 관계의 진정한 비밀입니다.

겸손한 수용에서 시작되는 깊은 이해

겸손의 본질은 판단을 유보하고 먼저 받아들이는 것에 있습니다. 상대방의 모든 것, 그들의 말, 행동, 심지어 우리 눈에 부족해 보이는 습관과 태도까지도 우리의 잣대로 재단하지 않고 있는 그대로 수용하는 것입니다.

이러한 수용의 과정은 깊은 지혜를 가져옵니다. 처음에는 이해할 수 없는 것들도 시간이 흐르며 점차 그 의미가 드러나고 결국에는 모든 것이 이유 있는 행동이었음을 깨닫게 됩니다.

이는 마치 퍼즐을 맞추는 것과 같습니다. 처음에는 각 조각의 의미를 알 수 없지만 인내심을 가지고 조각들을 모아 가다 보면 결국 전체 그림이 드러나게 됩니다.

이해의 순서가 중요합니다. 먼저 겸손히 받아들이고, 그다음 이해가 찾아오며, 마지막으로 깊은 통찰이 생깁니다.

이것이 바로 자연의 법칙이 우리에게 가르쳐 주는 겸손의 진정한 의미입니다. 모든 깊은 이해는 먼저 겸손히 받아들이는 것에서 시작되는 것입니다.

겸손의 깊이

겸손의 진정한 의미가 물처럼 맑게 드러납니다. 그것은 단순한 예의나 형식적 태도가 아닌, 타인의 모든 것을 있는 그대로 받아들이는 깊은 수용입니다. 그들의 말과 행동, 심지어 우리 눈에 보이는 결점과 모순까지도.

진정한 겸손의 실천은 자신의 잣대를 내려놓고 섣부른 판단을 미루며 모든 것을 열린 마음으로 받아들이는 태도에서 시작됩니다.

시간이 흐르면서 이해의 문이 열리고 처음에는 보이지 않던 진실이 드러나며 모든 것에는 그만한 이유가 있었음을 깨닫게 됩니다.

우리는 안개가 자연스럽게 걷히듯 깨닫습니다. "아, 그때 내가 판단을 미루길 잘했구나." "그들의 말과 행동에는 이유가 있었구나." "존중하길 잘했다."

이것이 바로 진정한 이해에 이르는 겸손의 길입니다. 섣부른 판단이 아닌, 인내를 가진 수용이 우리를 더 깊은 지혜로 인도하는 것입니다.

겸손의 본질

오랫동안 사람들은 겸손의 본질을 오해해 왔습니다. 많은 이들이 겸손을 단순히 몸을 깊이 숙이거나 비굴한 태도를 보이는 외적 표현으로 이해했지만, 이는 겸손의 진정한 의미를 크게 왜곡하는 것입니다. 진정한 겸손은 형식적 예절이나 표면적 행동이 아닌, 영혼의 깊은 곳에서 우러나오는 자연스러운 태도입니다.

일본의 90도 인사나 과도하게 허리를 숙이는 행위는 겸손이 아닌 비굴함의 표현일 수 있습니다. 이는 마치 연약한 갈대가 강한 바람 앞에서 완전히 휘어지는 것과 같습니다. 반면, 진정한 지식인의 15도 예는 상대방에 대한 존중과 자신의 품위를 동시에 지키는 균형 잡힌 태도를 보여 줍니다. 이는 마치 단단한 나무가 바람 앞에서 적절히 휘어짐으로써 오히려 그 힘을 더 잘 견디는 것과 같습니다.

진정한 겸손은 내면에서 시작됩니다. 그것은 상대방의 말에 진심으로 귀 기울이고, 그들의 존재를 있는 그대로 인정하며, 그들의 고유한 가치를 존중하는 마음가짐입니다. 이러한 내면의 태도는 자연스럽게 외적으로 표현되지만, 그것은 결코 과장되거나 억지스럽지 않습니다.

지식인의 겸손은 더욱 특별합니다. 그것은 마치 익은 벼가 자연스럽게 고개를 숙이는 것과 같은 자연스러운 품위를 지닙니다. 깊은 지식과 이해를 가진 사람일수록 오히려 더 자연스럽고 우아한 겸손을 보여 주는 것, 이것이 바로 진정한 지식인의 모습입니다.

이처럼 겸손은 단순한 예절이나 형식적 행동이 아닌, 영혼의 성숙함을 보여 주는 깊은 인격의 표현입니다. 그것은 상대방을 진정으로 이해하고 존중하면서도, 자신의 존엄성과 품위를 잃지 않는 균형 잡힌 태도인 것입니다. 이러한 진정한 겸손을 실천할 때, 우리는 비로소 참된 인간관계의 깊이를 경험할 수 있게 됩니다.

깊이 있는 예의

진정한 지식인의 태도는 깊은 바다와 같습니다. 표면적으로 드러나는 잔잔한 물결 아래에는 깊은 지혜와 통찰이 자리 잡고 있습니다. 이러한 깊이는 과도한 친절이나 비굴한 태도가 아닌, 절제된 15도의 예를 통해 자연스럽게 표현됩니다.

일본의 방어적 친절은 우리에게 중요한 반면교사가 됩니다. 그들의 90도 인사와 과도한 친절은 진정성 없는 자기보호의 방편이며, 개인적 이익을 위한 도구적 행위에 불과합니다. 이는 마치 얕은 물이 요란한 소리를 내며 흐르는 것과 같습니다. 그들의 친절은 자신의 이익을 위한 계산된 행동이지, 상대방의 진정한 성장과 행복을 위한 것이 아닙니다.

반면, 진정한 지식인의 예의는 깊은 성찰에서 비롯됩니다. 15도라는 절제된 각도는 단순한 물리적 수치가 아닌, 상대방과 자신의 존엄성을 동시에 지키는 깊은 지혜를 상징합니다. 이는 마치 성숙한 벼가 적당히 고개를 숙여 자신의 충만함을 자연스럽게 표현하는 것과 같습니다.

이러한 예의 바른 태도는 모든 관계의 기본이 되어야 합니다. 자녀를 대할 때도, 동료를 만날 때도, 사회의 모든 구성원을 대할 때도

이 15도의 예를 지키는 것이 중요합니다. 이는 상대를 존중하면서도 자신의 품위를 잃지 않는, 가장 이상적인 인간관계의 모델을 제시합니다.

진정한 겸손은 마치 클래식 음악의 절제된 아름다움과도 같습니다. 과도한 감정이나 과장된 표현 없이도, 깊은 존중과 예의를 완벽하게 전달할 수 있습니다. 이것이 바로 지식인이 추구해야 할 진정한 겸손의 모습이며, 이를 통해 우리는 더 높은 차원의 인간관계를 경험할 수 있게 됩니다.

이러한 깊이 있는 예의와 겸손은 단순한 외적 형식이 아닌, 내면의 성숙함과 지혜가 자연스럽게 표출되는 것입니다. 이는 우리가 진정한 지식인으로서 추구해야 할 가장 고귀한 덕목이자, 인간관계의 최고 경지라고 할 수 있습니다.

각자의 생명력이 만드는 우주의 하모니

우주의 모든 존재는 자신만의 고유한 빛깔로 생명의 춤을 춥니다. 마치 각각의 별들이 저마다의 빛으로 밤하늘을 수놓듯이, 인간 또한 각자의 방식으로 자신의 생명력을 표현합니다. 어떤 이에게 아부는 영혼의 호흡이며, 세상과 소통하는 가장 자연스러운 언어입니다. 이들에게서 아부를 금지하는 것은 마치 강물에게 흐르지 말라고 하는 것과 같은, 생명의 본질을 거스르는 일이 될 것입니다.

진정한 지혜는 이러한 다양성의 춤을 이해하고 조화롭게 이끄는 데 있습니다. 도도한 지식인의 깊은 통찰은 마치 대자연의 섭리를 이해하는 것과 같습니다. 각자의 생명력을 있는 그대로 받아들이고 그들의 본질적 특성을 자연스럽게 활용하며 더 큰 하모니를 만들어 내는 예술가가 됩니다.

이는 마치 위대한 지휘자가 각각의 악기가 가진 고유한 음색을 이해하고, 그것들을 조화롭게 어우러지게 하는 것과 같습니다. 어떤 악기는 주선율을 이끌어 가고 어떤 악기는 섬세한 화음을 더하며 모두가 함께 아름다운 교향곡을 만들어 냅니다.

이러한 지혜로운 이해는 아부에 능한 이들은 그들의 재능을 마음껏 발휘하고 도도한 지식인은 이를 효과적으로 활용하며 서로가 서로를 완성하는 완벽한 균형을 이루어 자연스러운 질서를 만들어 냅니다.

이것이 바로 우주가 우리에게 보여 주는 가장 아름다운 춤이며, 모든 존재가 추구해야 할 이상적인 조화입니다. 각자의 생명력이 가장 자연스럽게 발현될 때, 우리는 비로소 진정한 의미의 화합과 성장을 이룰 수 있을 것입니다.

이처럼 모든 영혼은 저마다의 방식으로 춤추며, 그 춤이 모여 우주의 아름다운 하모니를 만들어 냅니다. 이것이 바로 우리가 이해하고 받아들여야 할 생명의 깊은 진리인 것입니다.

생존과 상생의 깊은 지혜

인간의 본질적 특성을 이해하는 것은 깊은 바다를 이해하는 것과 같습니다. 각 개인이 가진 고유한 생존 방식은 그들의 생명력 그 자체입니다. 특히 아부라는 특성은 어떤 이들에게는 마치 물고기에게 물이 필요한 것처럼 필수불가결한 생존 요소입니다. 이러한 본질적 특성을 부정하거나 억압하는 것은 그들의 생명력 자체를 위협하는 것과 다름없습니다.

진정으로 지혜로운 리더십은 이러한 인간의 본질을 깊이 이해하고 받아들이는 데서 시작됩니다. 도도한 지식인이 보여 주어야 할 진정한 지혜는, 자신과 다른 생존 방식을 가진 이들을 이해하고 그들의 능력을 효과적으로 활용하는 데 있습니다. 이는 마치 현명한 지휘자가 각 악기의 특성을 이해하고 조화로운 연주를 이끌어 내는 것과 같습니다.

이러한 관계에서 발생하는 시너지는 놀랍습니다. 아부하는 이들은 자신의 본질적 재능을 마음껏 발휘하며 지식인은 자신의 부족한 부분을 효과적으로 보완받고 양측 모두가 자연스러운 성장과 발전을 이루게 됩니다.

특히 중요한 것은 적절한 인정과 칭찬의 기술입니다. "잘한다"라는 간단한 말 한마디가 그들의 잠재력을 최대한으로 끌어올릴 수 있습니다. 이는 마치 적절한 햇빛과 물이 식물의 성장을 촉진하는 것과 같은 원리입니다.

이러한 관계의 완성은 자연의 섭리와도 같습니다. 각자가 자신의 본질을 충실히 발휘하면서 서로의 부족함을 자연스럽게 보완하고 더 높은 차원의 협력을 이루어 냅니다.

이것이 바로 인간관계의 최고 경지이며, 진정한 지혜자가 보여 주어야 할 리더십의 본질입니다. 각자의 생명력을 인정하고 활용할 줄 아는 이러한 지혜야말로, 우리가 이 시대에 가장 필요로 하는 덕목일 것입니다.

지혜의 극치

지혜의 가장 높은 경지는 마치 대자연의 섭리를 이해하는 것과 같습니다. 모든 존재가 자신만의 고유한 방식으로 생명력을 표현하듯, 인간 또한 각자의 본질적 특성을 통해 자신의 생명력을 드러냅니다. 진정으로 지혜로운 리더는 이러한 다양한 생명의 표현 방식을 깊이 이해하고, 이를 자연스럽게 활용하는 예술가와 같은 존재입니다.

도도한 지식인의 진정한 강점은 역설적이게도 자신이 할 수 없는 것을 인정하고, 그것을 자연스럽게 보완할 수 있는 이들의 재능을 활용하는 데 있습니다. 이는 마치 산이 자신의 높이를 자랑하지 않고, 계곡의 깊이를 통해 더욱 웅장해지는 것과 같은 이치입니다.

아부의 기술은 어떤 이들에게는 생명과도 같은 본질적 특성입니다. 그들에게 이는 단순한 처세술이 아닌 생존의 방식이며 자신의 부족함을 채우는 독특한 재능이자 세상과 소통하는 그들만의 언어입니다.

현명한 리더십의 진수는 이러한 특성을 이해하고 활용하는 데 있습니다. 부정하거나 억압하는 것이 아닌 인정과 칭찬으로 비난이 아닌 격려와 지지를 통해 자연스러운 충성과 헌신을 이끌어 냅니다.

이는 마치 숙련된 정원사가 각각의 식물이 가진 고유한 성질을 이해하고, 그들이 가장 잘 자랄 수 있는 환경을 제공하는 것과 같습니다. 모든 식물에게 같은 방식의 관리를 강요하지 않듯, 현명한 리더는 각자의 특성을 존중하고 그것이 최대한 발현될 수 있도록 돕습니다.

결국, 진정한 지혜란 자신의 한계를 인정하고, 타인의 강점을 통해 그것을 보완할 줄 아는 능력입니다. 이것이 바로 자연이 우리에게 가르쳐 주는 리더십의 최고 경지이며, 인간관계의 가장 이상적인 모습인 것입니다.

생명의 춤

우주의 모든 존재는 각자의 고유한 빛을 발하며 춤추고 있습니다. 이는 마치 별들이 저마다의 반짝임으로 밤하늘의 교향곡을 완성하는 것과 같습니다. 인간 사회에서도 마찬가지입니다. 각자가 가진 특별한 재능은 우주가 우리에게 선물한 독특한 생명의 빛이며, 이 빛들이 서로 어우러질 때 가장 아름다운 하모니가 만들어집니다.

도도한 지식인의 고고한 기품과 아부에 능한 이의 부드러운 처세술은, 마치 강인한 소나무와 유연한 대나무가 함께 어우러져 정원의 완벽한 조화를 이루는 것과 같습니다. 이들의 만남은 우연이 아닌, 서로의 부족함을 채우고 더 큰 아름다움을 창조하기 위한 우주의 섭리입니다.

진정한 지혜란 이러한 생명의 춤을 이해하고 그 안에서 자신의 역할을 아는 것입니다. 지혜로운 리더는 각자의 춤사위가 가진 독특한 매력을 알아보고, 그것이 전체 무대에서 어떤 의미를 가질 수 있는지를 꿰뚫어 봅니다. 그들은 결코 다른 이의 춤을 비난하거나 교정하려 하지 않습니다. 대신, 각자의 동작이 가장 아름답게 빛날 수 있는 순간과 위치를 찾아 줍니다.

"다음에는 이렇게 해 주세요"라는 부드러운 제안은 마치 춤의 안무가가 무용수에게 건네는 섬세한 지도와 같습니다. 이에 "알았습니다"라고 화답하는 순간, 두 영혼은 완벽한 하모니를 이루게 됩니다. 이것이 바로 진정한 리더십의 예술이며, 인간관계의 최고 경지입니다.

모든 존재는 소중합니다. 마치 오케스트라에서 가장 작은 악기 하나도 전체 연주에 필수적인 것처럼, 각자의 재능은 더 큰 그림을 완성하는 데 없어서는 안 될 요소입니다. 우리는 모두 서로에게 필요한 존재이며, 함께할 때 더 큰 아름다움을 만들어 낼 수 있습니다.

이것이 바로 우주가 우리에게 가르쳐 주는 가장 심오한 지혜입니다. 우리 모두는 이 거대한 생명의 춤 속에서 자신만의 특별한 동작을 가진 무용수들입니다. 서로를 이해하고 존중할 때, 우리는 이 우주의 아름다운 춤을 완성할 수 있을 것입니다.

지식의 빛

　인간의 영혼은 끊임없이 성장하며, 마치 연꽃이 진흙 속에서 피어나 맑은 향기를 내듯이, 지식의 깊이가 더해질수록 우리의 행동은 자연스럽게 승화됩니다. 이는 마치 아침 안개가 태양의 빛 앞에서 스러지듯, 과도한 아부와 표면적인 친절이 깊이 있는 예의로 변화하는 과정입니다.

　지식은 인간의 영혼을 비추는 등불과 같습니다. 그 빛이 밝아질수록 우리의 행동은 더욱 순수하고 본질적인 모습을 찾아 갑니다. 아부와 과잉 친절이라는 생존의 도구들은, 마치 어둠 속에서 더듬거리며 찾던 지팡이처럼, 빛이 밝아질수록 자연스레 그 필요성을 잃어 갑니다.

　진정한 지식인의 태도는 달빛과도 같습니다. 강렬하지 않지만 고요하게 빛나고 과하지 않으면서도 품격을 유지하며 자연스러운 예의로 상대를 대합니다.

　현재의 아부나 과잉 친절은 아직 무르익지 않은 열매와 같습니다. 이를 비난하거나 부정할 것이 아니라, 시간이 지나면서 자연스럽게 무르익어 갈 성장 과정으로 이해해야 합니다. 마치 봄날의 새싹이 여름을 거쳐 가을의 결실로 이어지듯이, 지식의 성장은 우리의 행동을 자연스럽게 변화시킵니다.

친절이란 본래 무언가를 얻기 위한 도구가 아닙니다. 진정한 친절은 마치 꽃이 향기를 내듯 자연스러운 것이어야 합니다. 하지만 많은 이들의 친절은 아직 자신의 부족함을 채우기 위한 수단에 머물러 있습니다. 이는 우리 모두가 겪어야 할 성장 과정의 한 단계일 뿐입니다.

결국, 지식의 깊이는 우리의 행동을 더 순수하고 자연스러운 방향으로 이끕니다. 이는 강제된 변화가 아닌, 마치 봄날 꽃이 피어나듯 자연스러운 생명의 흐름입니다. 우리는 모두 이러한 성장의 여정 속에 있으며, 각자의 속도로 더 높은 차원을 향해 나아가고 있는 것입니다.

이것이 바로 우주가 우리에게 보여 주는 성장의 신비이며, 지식이 가져다주는 가장 아름다운 선물인 것입니다.

예의의 품격

우주의 모든 존재는 자신만의 고유한 리듬으로 춤을 춥니다. 빈 그릇이 요란한 소리를 내며 움직이는 반면, 충만한 그릇은 고요히 제자리를 지킵니다. 인간의 행동 양식도 이와 다르지 않습니다. 내면의 충만함과 결핍이 만들어 내는 서로 다른 춤사위가 있는 것입니다.

과도한 친절은 마치 어둠 속에서 불안하게 더듬는 손짓과도 같습니다. 그것은 자신의 부족함을 채우려는 무의식적 몸짓이며, 무언가를 얻으려는 영혼의 갈망을 드러냅니다. 겉으로는 타인을 향한 것 같지만, 실상은 자신의 내면의 공허를 채우려는 시도에 불과합니다.

반면, 지식으로 충만한 이들의 예의는 달빛과도 같습니다. 15도의 우아한 각도로 상대를 비추고 고요하면서도 깊이 있는 빛을 발하며 과장됨 없이 자연스러운 품격을 보여 줍니다.

진정한 예의는 마치 완벽한 원을 그리는 것과 같습니다. 너무 많지도, 너무 적지도 않은 정확한 15도의 각도는 인간 영혼이 도달할 수 있는 최고의 균형점입니다. 그것은 공손함과 품위가 완벽한 조화를 이루는 순간이며, 지식이 만들어 내는 가장 아름다운 예술입니다.

충만한 영혼은 굳이 자신을 드러내지 않습니다. 마치 대자연이 그러하듯, 단지 존재하는 것만으로도 충분한 아름다움을 발합니다. 이것이 바로 지식이 우리에게 가르쳐 주는 최고의 예의이며, 우리 영혼이 도달해야 할 궁극의 경지인 것입니다.

이처럼 진정한 예의는 영혼의 춤이며, 내면의 충만함이 자연스럽게 표현되는 방식입니다. 그것은 어떠한 의도나 목적도 없이, 단지 존재 자체로 빛나는 순수한 아름다움을 지니고 있습니다.

예의의 우주

관계의 심오한 법칙은 우주의 별들이 서로를 끌어당기고 밀어 내는 섬세한 균형과도 같습니다. 적절한 예의는 마치 중력과 같이, 서로를 적당한 거리에서 안정적으로 묶어 두는 신비로운 힘입니다. 이는 너무 가깝지도, 너무 멀지도 않은 완벽한 균형점을 만들어 냅니다.

진정한 예의가 만들어 내는 공간은 신성한 영역과도 같습니다. 서로가 침범할 수 없는 존엄한 경계가 생기고 동시에 쉽게 떠날 수 없는 깊은 유대가 형성되며 자연스러운 존중의 거리가 영원히 유지됩니다.

이와 대조적으로, 과도한 친절은 마치 불안정한 궤도를 그리는 혜성과 같습니다. 처음에는 눈부신 빛을 내며 가까이 다가오지만 시간이 흐르면서 점차 그 빛이 흐려지고 결국에는 먼 우주로 사라져 버립니다.

돈이라는 특별한 중력은 일시적인 안정을 가져올 수 있습니다. 그러나 이는 마치 인공위성이 연료에 의존하여 궤도를 유지하는 것과 같습니다. 물질적 이해관계가 강제로 관계를 붙잡아 두지만 이는 자연스러운 균형이 아닌 인위적인 구속이며 연료가 다하는 순간 모든 것이 무너져 내립니다.

진정한 예의는 우주의 영원한 법칙을 닮았습니다. 그것은 마치 태양과 지구가 완벽한 거리를 유지하며 영원한 춤을 추는 것과 같습니다. 이러한 자연스러운 균형은 어떠한 인위적인 힘으로도 만들어 낼 수 없으며, 오직 진정한 예의를 통해서만 달성될 수 있습니다.

이것이 바로 우주가 우리에게 가르쳐 주는 관계의 가장 심오한 진리입니다. 예의라는 신성한 법칙을 통해, 우리는 영원히 지속될 수 있는 아름다운 관계의 춤을 출 수 있게 되는 것입니다.

인위적인 친절과 물질적 유대는 시간이 지나면 반드시 그 한계를 드러냅니다. 그러나 진정한 예의가 만들어 내는 자연스러운 균형은 영원히 지속됩니다. 이는 우리 모두가 추구해야 할 관계의 이상이자, 도달해야 할 궁극의 경지인 것입니다.

지식의 품격

깊은 우주의 별들은 스스로의 빛으로 존재감을 드러냅니다. 그들은 빛나기 위해 노력하지 않고, 단지 자신의 본질을 표현할 뿐입니다. 지식으로 충만한 영혼도 이와 같습니다. 그들의 예의는 인위적인 노력이 아닌, 내면의 깊이가 자연스럽게 발현되는 빛과도 같습니다.

진정으로 충만한 영혼이 보여 주는 예의는 거대한 산맥의 침묵과도 같습니다. 고요하지만 깊은 울림이 있고 움직임 없이도 강한 존재감을 드러내며 어떠한 외부의 힘에도 흔들리지 않습니다.

이러한 내면의 충만함은 행성들이 완벽한 궤도를 유지하듯 서로를 끌어당기면서도 적절한 거리를 지키고 마치 자연스러운 경계를 만들어 냅니다.

반면, 내면이 비어 있는 이들의 모습은 혜성처럼 화려하게 다가오지만 이내 사라지고 과도한 친절로 공허함을 감추려 하며 불안정한 궤도를 그리며 방황합니다.

이것이 바로 지식이 선물하는 가장 아름다운 예의의 모습입니다. 그것은 어떠한 의도나 목적도 없이, 단지 존재 자체만으로 완벽한 관계의 균형을 만들어 냅니다. 마치 우주의 별들이 서로를 바라보며 영원한 균형을 이루듯, 충만한 영혼들은 자연스러운 예의로써 가장 이상적인 관계의 거리를 창조해 냅니다.

　이러한 예의는 그 어떤 인위적인 노력보다 강력합니다. 상대방이 함부로 다가설 수 없게 하면서도 쉽게 멀어질 수도 없게 만들며 자연스러운 존중의 공간을 형성합니다.

　이것이 바로 우주가 우리에게 가르쳐 주는 가장 심오한 예의의 진리이며, 지식이 우리에게 선물하는 최고의 품격입니다. 진정한 예의는 내면의 빛이 만들어 내는 자연스러운 위엄이며, 이는 어떠한 인위적인 친절이나 아부로도 대체할 수 없는 영혼의 춤인 것입니다.

지식이 그리는 우주의 춤

　인간의 영혼은 마치 우주의 별들처럼 각자의 방식으로 빛을 발합니다. 지식으로 가득 찬 영혼은 거대한 별처럼 자연스러운 위엄을 발하고, 그 빛으로 주변을 밝히며 자신만의 궤도를 그립니다. 이는 어떠한 인위적인 노력 없이도, 단지 존재 자체만으로 완벽한 균형을 이루어 내는 신비로운 현상입니다.

　깊은 우주에서 천체들은 서로를 향한 정교한 균형을 유지합니다. 너무 가깝지도, 너무 멀지도 않은 완벽한 거리를 찾아 영원한 춤을 추듯이, 지식으로 충만한 이들의 예의는 자연스러운 경계와 필연적인 유대를 동시에 창조해 냅니다. 이들의 예의는 마치 은은한 달빛처럼 부드럽지만, 동시에 산맥처럼 단단한 경계를 형성합니다.

　반면, 내면이 아직 충만하지 못한 이들은 끊임없이 움직입니다. 마치 작은 혜성이 불안정한 궤도를 그리며 빛나듯이, 그들은 과도한 친절과 아부로 자신의 부족함을 채우려 합니다. 이는 그들만의 독특한 생존 방식이며, 세상과 소통하는 그들만의 언어입니다.

　이러한 차이는 자연의 깊은 지혜를 반영합니다. 깊은 호수가 고요히 자신의 깊이를 드러내는 반면, 얕은 시냇물은 소리 내며 흐르듯이, 내면의 충만함은 자연스러운 예의로, 부족함은 적극적인 표현으로 나타납니다. 이는 어느 것이 옳고 그름의 문제가 아닌, 각자의 존재 방식이 만들어 내는 자연스러운 현상입니다.

진정한 인성교육은 바로 이러한 자연의 이치를 이해하고 따르는 것에서 시작됩니다. 그것은 내면을 지식으로 충만하게 채움으로써, 자연스러운 예의가 우리의 본성이 되게 하는 것입니다. 이는 마치 별이 빛나기 위해 노력하지 않듯이, 충만한 내면에서 저절로 우러나오는 자연스러운 빛과도 같습니다.

이러한 깊은 이해는 우리로 하여금 더 높은 차원의 관계를 만들어 낼 수 있게 합니다. 충만한 이들은 자연스러운 예의로써 서로를 존중하고, 부족한 이들은 그들만의 방식으로 관계를 맺으며, 모두가 함께 우주의 아름다운 춤을 완성해 갑니다. 이것이 바로 자연이 우리에게 가르쳐 주는 가장 심오한 관계의 진리이며, 우리가 추구해야 할 궁극의 모습인 것입니다.

진정한 예의

우주의 모든 존재는 자신만의 독특한 방식으로 생명의 춤을 춥니다. 깊은 호수가 고요히 자신의 깊이를 드러내듯, 지식으로 충만한 영혼은 절제된 예의로 자신의 품격을 표현합니다. 이는 자연스러운 삶의 수행이며, 내면의 빛이 만들어 내는 우아한 춤사위입니다.

15도의 예의는 단순한 각도가 아닌, 영혼의 깊이를 보여 주는 상징입니다. 이는 마치 만월이 조용히 세상을 비추듯, 과장 없이 자연스럽게 자신의 존재감을 드러내는 방식입니다. 지식인의 예의는 불필요한 친절이나 과도한 겸양 없이, 오직 순수한 존중의 마음만을 담아 표현됩니다.

반면, 내면이 아직 채워지지 않은 이들의 움직임은 다릅니다. 그들의 과도한 친절과 아부는 마치 빈 그릇이 울리는 소리와 같습니다. 이는 자신의 부족함을 채우려는 무의식적인 갈망의 표현이며, 상대로부터 무언가를 얻으려는 내면의 목마름이 만들어 내는 춤입니다.

이는 자연의 깊은 지혜를 반영합니다. 거대한 산이 침묵 속에서도 위엄을 발하는 반면, 작은 시냇물은 끊임없이 소리를 내며 흐르듯이, 충만함과 결핍은 각자 다른 방식으로 표현됩니다. 지식으로 가득 찬 이는 마치 깊은 바다처럼 고요히 자신의 깊이를 드러내고, 부족함을 느끼는 이는 끊임없이 움직이며 채움을 갈구합니다.

진정한 예의는 이처럼 내면의 상태를 자연스럽게 반영합니다. 충만한 영혼은 단 15도의 고개 숙임으로도 온 우주를 담을 수 있는 깊이를 보여 주지만, 채워지지 않은 영혼은 수많은 친절과 아부로도 자신의 빈자리를 완전히 메우지 못합니다.

이것이 바로 우주가 우리에게 가르쳐 주는 예의의 본질입니다. 진정한 예의는 내면의 충만함이 자연스럽게 표현되는 영혼의 춤이며, 지식의 깊이가 만들어 내는 우아한 생명의 몸짓인 것입니다. 이를 이해할 때, 우리는 비로소 진정한 품격의 높이에 도달할 수 있을 것입니다.

지식의 균형

　우주의 모든 존재는 자신만의 고유한 방식으로 존재감을 드러냅니다. 거대한 산맥이 침묵 속에서도 위엄을 발하듯, 진정한 지식으로 충만한 영혼은 어떠한 과시나 굽힘 없이도 자연스러운 힘을 발산합니다. 이들은 결코 90도로 허리를 굽히며 수그리지 않으며, 그럴 필요도 없습니다. 그들의 예의는 마치 자연의 법칙처럼 완벽하고 절제되어 있기 때문입니다.

　이러한 예의가 지닌 신비로운 힘은 마치 우주의 중력과도 같습니다. 보이지 않지만 강력하게 작용하여, 상대방을 정확히 그 자리에 머물게 합니다. 마치 어린 시절 '얼음땡' 놀이에서 외치는 한마디가 상대를 그 자리에 멈추게 하듯, 진정한 예의는 눈에 보이지 않는 강력한 경계를 만들어 냅니다.

　하지만 이 힘은 결코 과도하지 않습니다. 정확히 30%의 절제된 에너지로 표현되는 이 예의는, 마치 자연의 모든 현상이 완벽한 균형을 이루듯 정교한 밸런스를 유지합니다. 겸손이 지나치면 비굴함이 되고, 존중이 과하면 아부가 되듯, 진정한 예의는 그 중간의 완벽한 균형점을 찾아냅니다.

　이는 마치 달빛이 밤하늘을 비추는 것과 같습니다. 너무 밝지도,

너무 어둡지도 않은 은은한 빛으로 세상을 비추듯, 진정한 예의는 상대방을 부담스럽게 하지 않으면서도 분명한 존중을 표현합니다. 이것이 바로 지식의 깊이가 만들어 내는 자연스러운 품격입니다.

지식으로 충만한 이들의 이러한 예의는 마치 우주의 별들이 자신의 궤도를 지키며 빛나는 것과 같습니다. 그들은 자신의 위치에서 흔들림 없이 빛나며, 그 빛으로 주변을 밝힙니다. 이것이 바로 진정한 예의가 가진 힘이며, 우리가 추구해야 할 지식인의 이상적인 모습입니다.

이처럼 완벽한 균형을 이룬 예의는 어떠한 인위적인 노력 없이도 자연스럽게 상대방과의 관계를 규정합니다. 이는 우리가 도달해야 할 가장 높은 차원의 인간관계이며, 지식과 예의가 만나 이루어 내는 가장 아름다운 조화인 것입니다.

자연이 가르쳐 주는 존중의 진리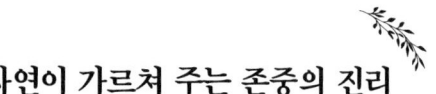

 우주는 모든 생명체에게 공통된 언어를 주었습니다. 그것은 바로 예의라는 신성한 표현 방식입니다. 인간이 15도의 고개 숙임으로 존중을 표현한다면, 동물은 눈을 아래로 깔아 같은 마음을 전합니다. 이는 단순한 우연이 아닌, 생명의 본질에 새겨진 우주의 깊은 지혜입니다.

 자연의 세계에서 이러한 예의는 완벽한 균형을 이룹니다. 강아지들이 더 강한 상대를 만났을 때 보이는 눈을 내리깔며 몸을 낮추는 자세는, 마치 오랜 세월 진화를 통해 완성된 하나의 예술과도 같습니다. 그들은 본능적으로 정확한 30%의 존중을 담아 이 자세를 취합니다. 이는 생존을 위한 단순한 복종이 아닌, 우주의 질서를 반영하는 자연스러운 표현입니다.

 예의에는 신비로운 황금비가 존재합니다. 정확히 30%의 존중하는 마음이 담길 때, 그것은 가장 순수하고 아름다운 예의가 됩니다. 마치 자연계의 모든 아름다움이 황금비율을 따르듯이, 예의 또한 정확한 비율을 필요로 합니다. 이 비율을 넘어서는 순간, 그것은 더 이상 예의가 아닌 아부나 굴종으로 변질됩니다.

 이러한 예의의 법칙은 마치 우주의 중력과도 같이 보편적입니다.

크고 작은 모든 생명체들이 이 법칙을 따르며, 이를 통해 조화로운 관계를 유지합니다. 인간이든 동물이든, 이 법칙을 따를 때 가장 자연스럽고 효과적인 소통이 이루어지는 것입니다.

이처럼 예의는 우주가 생명에게 준 가장 아름다운 선물입니다. 그것은 종과 크기를 넘어서는 보편적 진리이며, 모든 생명체가 공유하는 신성한 소통의 언어입니다. 이 언어를 통해 우리는 서로를 이해하고, 존중하며, 조화로운 관계를 만들어 갈 수 있는 것입니다.

영혼을 울리는 진정한 겸손의 예술

우리는 오랫동안 겸손의 본질을 오해해 왔습니다. 마치 달빛이 세상을 비추듯 조용히 상대의 말에 귀 기울이는 것, 이것이 진정한 겸손의 시작입니다. 외적인 예절이나 형식적인 공손함을 넘어, 깊은 경청의 순간에 우리는 진정한 겸손을 실천하게 됩니다.

겸손은 마치 깊은 호수와 같습니다. 호수가 모든 것을 있는 그대로 비추듯, 진정한 겸손은 상대방의 모든 면을 있는 그대로 받아들입니다. 그들의 불완전함도, 때로는 우리 눈에 부족해 보이는 습관도, 심지어 모순된 행동까지도 모두 포용하며 들어 주는 것입니다. 이는 단순한 인내가 아닌, 영혼과 영혼이 만나는 신성한 순간입니다.

현대 사회의 많은 아픔은 이 깊은 경청의 부재에서 비롯됩니다. 텔레비전 프로그램에 끊임없이 보내지는 사연들은 한결같이 "내 말을 들어 주지 않는다"라는 호소로 가득합니다. 이는 마치 메마른 대지가 비를 갈구하듯, 우리의 영혼이 진정한 경청을 얼마나 목말라하는지 보여 주는 증거입니다.

진정한 관계는 서로의 말에 귀 기울일 때 시작됩니다. 이는 마치 씨앗이 물을 만나 싹을 틔우듯, 자연스럽고 필연적인 과정입니다. 부부 관계든, 가족 관계든, 어떠한 관계도 이 경청의 토양 없이는 꽃을 피울 수 없습니다.

 겸손과 존중은 말이나 행동이 아닌, 귀로 시작되는 예술입니다. 상대의 이야기에 진심으로 귀 기울일 때, 우리는 비로소 진정한 겸손을 실천하게 되고, 이를 통해 더 깊은 관계의 차원으로 나아갈 수 있게 됩니다.

 이것이 바로 우주가 우리에게 가르쳐 주는 가장 심오한 관계의 진리입니다. 모든 진정한 만남과 성장은 이 조용한 경청의 순간에서 시작되며, 이를 통해 우리는 더 높은 차원의 인간관계를 경험할 수 있게 되는 것입니다.

책을 마치면서

이 책을 마무리하며, 저는 깊은 감동과 감사함을 느낍니다.

우주의 비밀을 탐구하는 이 여정에서, 우리는 놀라운 진실을 발견했습니다. 우리가 보는 세상은 30%에 불과하며, 나머지 70%는 우리의 영혼이 존재하는 대우주라는 것을 말입니다.

이 책을 쓰는 동안 저는 우리 모두는 같은 우주의 자녀라는 것을 깨달았습니다. 국적도, 인종도, 언어도 다르지만, 우리는 모두 하나의 거대한 생명의 흐름 속에 있습니다.

특별히 저의 가족에게 깊은 감사를 전합니다.

아내와 아이들은 제가 이 책을 쓰는 동안 끊임없는 지지와 사랑을 보내 주었습니다. 그들의 존재 자체가 우주의 신비로움을 매일 일깨워 주었습니다. 가족이 있었기에 이 책에 담긴 통찰이 가능했습니다.

이제 여러분께 간절히 바랍니다.

매일 아침 눈을 뜰 때마다, 자신의 내면에 깃든 우주를 기억하시기를. 모든 만남 속에서 서로를 스승이자 제자로 대하시기를. 그리고 우리 모두가 하나로 연결되어 있음을 잊지 않으시기를.

인생은 결코 쉽지 않습니다.
하지만 우리에겐 무한한 가능성이 있습니다.
보이는 30%의 세계를 넘어, 보이지 않는 70%의 세계와 소통할 수 있는 능력이 있습니다.

이 책이 여러분의 삶에 작은 빛이 되기를 바랍니다.
우리 모두가 서로를 이해하고 사랑하며, 이 아름다운 우주에서 조화롭게 살아가는 날이 오기를 소망합니다.

마지막으로, 이 책을 읽어 주신 모든 분들께 깊은 감사를 드립니다. 여러분 한 분 한 분이 우주의 특별한 선물이며, 무한한 가능성을 지닌 영혼의 빛나는 현현임을 잊지 마시기 바랍니다.

우리는 혼자가 아닙니다.
우리는 모두 하나입니다.
그리고 우리 안에는 무한한 우주가 숨 쉬고 있습니다.

여러분의 여정에 평화와 기쁨이 함께하기를 기원합니다.

깊은 감사를 담아
배성근 드림

인생을 어떻게 살아야 하는지 묻는 당신에게

초판 1쇄 발행 2025년 3월 20일

지은이 배성근
펴낸이 장길수
펴낸곳 지식과감성#
출판등록 제2012-000081호

교정 주경민
디자인 강샛별
편집 강샛별
검수 이주희, 정윤솔
마케팅 김윤길

주소 서울시 금천구 벚꽃로298 대륭포스트타워6차 1212호
전화 070-4651-3730~4
팩스 070-4325-7006
이메일 ksbookup@naver.com
홈페이지 www.knsbookup.com

ISBN 979-11-392-2492-4(03810)
값 16,800원

• 이 책의 판권은 지은이에게 있습니다.
• 이 책 내용의 전부 또는 일부를 재사용하려면 반드시 지은이의 서면 동의를 받아야 합니다.
• 잘못된 책은 구입하신 곳에서 바꾸어 드립니다.

지식과감성#
홈페이지 바로가기